国中有玉

潘汝祥　著

西泠印社出版社

中国国家博物馆原馆长吕章申书"雁玉"

只 要 成 功 总 有 雁 玉

序言

自上古邈远以来，中华文化历三代之奠基，春秋战国百花齐放之大创造、大抟成，秦汉之深厚积累，魏晋南北朝之民族大融合，隋唐之兼收并蓄，宋元明清之活泼转型，再到近现代之西学东渐、新文化运动、改革开放，数千年沧海桑田，未曾断裂。刚健笃实，光辉日新。在全球化、信息化空前发展的新时代世界文化版图中占据重要地位，生生不息，磅礴昂扬，奔涌向前。巍乎哉，泱泱中华！

中国文化之悠久绵延与博大精深，核心缘由在其原创性和经典性。人伦道德、现实人生、天人合一、守中致和、修齐治平、天下大同……此皆世道人心之所共同而为我独重者。天行健自强不息，地势坤厚德载物，虽斗转星移，时移势变有若迅雷疾风，此原创经典之文化内核生机永葆，呼应新时代、新课题，在根深叶茂的文化主干上绿叶迭出，新葩屡结，张力蓬勃。

中国玉文化，中国文化原创性与经典性集大成者。一方小玉，中国文化伦理思想、审美理想、经济思想各部类皆荟萃其上。以天下为己任，先天下之忧而忧，后天下之乐而乐的谦谦君子，仁、义、礼、智、信的道义追求，就比德于玉。远古线的艺术，气势古拙的楚汉浪漫，风度高致的魏晋风度，雄浑壮丽的盛唐之音，韵味无穷的宋元山水，自由不屈、清丽自在的明清市井，每一时代的审美主题，都能在中国玉上找到新的阐发，萌发新的艺术概念，诞生新的作品。不患寡而患不均，不患贫而患不安。正其谊而不计其利，明其道而不计其功。重储蓄，重传承，讲求细水长流，后代绵绵享富贵的经济思维，和中国百姓之藏玉观若合符节。

主干既茂，枝叶何忧？随着中国综合实力的不断提升，中国文化的原创性、经典性与之相得益彰，和衷共济。非但国人的文化自信空前炽涨，国潮文化、宋韵美学风靡神州大地，抑且凝聚力、向心力若春风化雨，化行世界。置此文化大发展背景下，中国玉文化自然脱颖而出，大放光芒。尤以 2008 年北京奥运会成功举办以来，中国玉走入寻常百姓家庭，飞历大洲大洋，流传之广，遍布之深，未曾有也。其势方兴未艾，正其时也。

浙江金华，南国婺城，人杰地灵，素有"小邹鲁"之美誉。物华天宝，金华火腿，享誉世界。思想一门，宋濂、吕祖谦、陈亮、胡则等浙东儒学之渊薮，道家黄大仙霞举飞升之地，智者寺楼约法师道场，三教合流。艺术一门，骆宾王、李渔、黄宾虹、丰子恺等，或文采风流，或绘画桀然。经济一门，"鸡毛换糖"，全球闻名；五金锻造，中国门都；中欧班列，寰宇驰名。思想、艺术、经济三流激荡，不特中国文化名城构建于斯，中国玉文化于此亦堪称重镇。漫步婺江畔、古子城中、万佛塔下，白墙黛瓦，柳岸晓风，明月如钩，玉肆鳞次栉比，玉友三五成群，品玉论道，茶香袅袅，余韵绕梁。

今有婺城雁玉堂者，值此文化灵萃之地，赖友朋君子提携引领，浸润玉之道历有年数，尤喜和田玉。自2018年以来，于金华古子城相继创设雁玉和田玉旗舰店、雁玉和田玉籽料鉴赏馆及"雁玉"公众号、不定期之"雁玉生活"雅集，出版《雁玉》文化图集两本，原料供应者、玉雕大师、藏友、爱好者汇聚一堂，遍及五湖四海，于精品和田玉之流布兴盛、文化推广，允有"婺城头雁"之称。雁者，鸿雁之来宾；纳采纳吉，请期皆用雁；美好生活之信使也。雁玉者，当此中国传统文化高度自信之新时代，中国玉文化世界大同之新潮流，概将以玉为引，聚天南地北之藏友，绘幸福繁荣之生活图景，立足江南文化重镇，竭诚尽心，助力金声玉振，文化高标者乎！现此《雁玉》第三部编辑成书，邀余为序，遂聊申管见，贻笑大方。是为序。

中国国家博物馆原馆长

目　　　　　　录

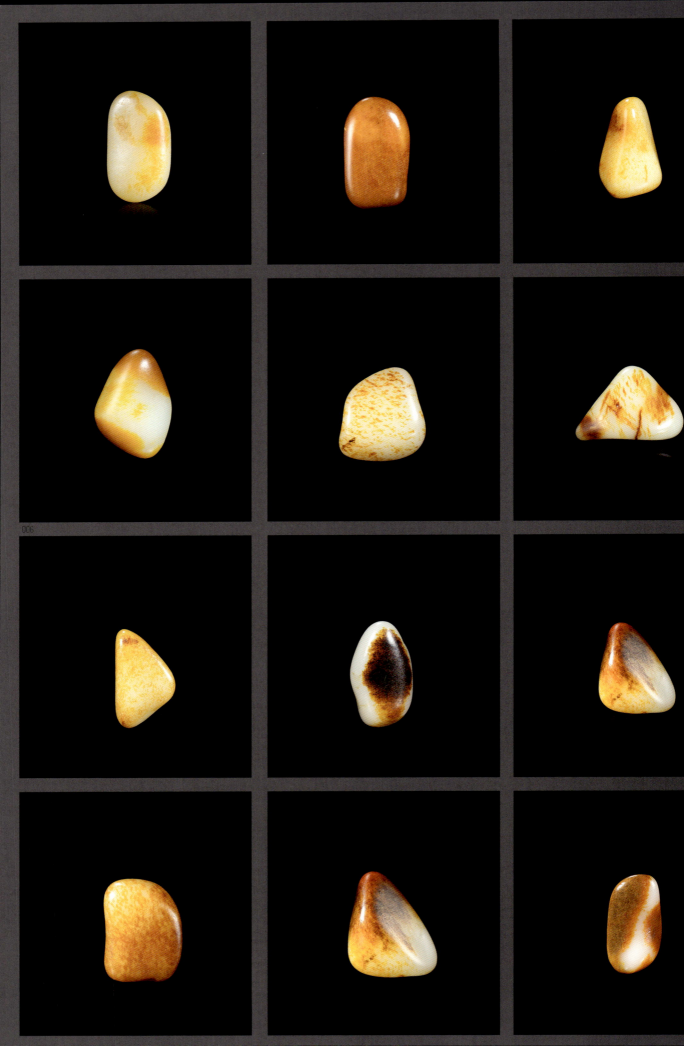

国 中 有 玉

国中有玉

关于通行简化字"国"的由来，有一个说法颇为流传：20 世纪 50 年代，在制订简化字方案时，发现"国"的异体字写法有 40 多种，专家们莫衷一是。最后，时任汉字简化方案审定委员会副主任郭沫若提议，在"囗"里面加一点，成为"国"，既便于书写，又有"祖国美好如玉"的意思，于是全体通过。

好一个"祖国美好如玉"，正如《人民日报》海外版刊登的《风雨沧桑话"国"字》中所说："玉在中国古代文化中具有至高无上的地位，既是珍宝财富、君子品德的象征，又是国家权力与地位的象征，所以国中应有玉。"

中国人喜欢玉的历史由来久矣。有专家认为，中国玉文化起源于新石器时代早期，是中国文明有别于世界其他文明的显著特点。中国人爱玉，五湖四海，大江南北，上至富商大贾，下至平民百姓，概莫能外，到处充满了美好"玉"见。在这种纵向深度与横向广度的交织之上，中国玉还和文化思想深度契合，不断切磋，塑造了具有独特韵味的文化基因。

玉乃国之重器。早在诸侯部落时代，玉就作为礼器，被视为诸侯贵族的宝器。秦始皇时代，象征最高权力的皇帝玺也使用玉作为载体，并历代相承，直至明清。《越绝书》有云："玉，神物也。"在中国古代文化中，玉被认为是天地精气的结晶，是人神心灵沟通的重要中介。在中国本土宗教道教里，玉和仙人有着紧密联系，如仙人的居所琼楼玉宇，仙人的首领玉皇大帝，都要冠上"玉"字以标高致，甚至仙人所食的食物也都是玉做的："咀嚼玉蕊者，立便控景登空。"

玉是重要的艺术审美态度。人们不但在衣服、帽子、身上、车马、居家环境中装饰以玉，并且将一切美好的东西乃至声音、心灵统统形容为玉，"古人之词，凡甚美者则以玉言之"，如"玉食""玉帛""玉女""冰清玉洁""亭亭玉立""珠圆玉润""一片冰心在玉壶"，不胜枚举，俯拾即是。

孔子说，君子比德于玉。君子是中国文化中最重要的理想人格，玉的属性和君子的品德并驾比附，可见，玉在以伦理道德为突出特色的中国文化中占据多么重要的地位。也正是在此基础上，中国玉演绎出了五德、九德、十一德等多种说法，并广泛传播，最终内化为中国文化心理结构的重要组成部分。

美学家宗白华先生在《中国美学史中重要问题的初步探索》一文中就曾概括地指出："中国向来把'玉'作为美的理想。玉的美，即'绚烂之极归于平淡的美'。可以说，一切艺术的美，以至于人格的美，都趋向于玉的美：内部有光彩，但是含蓄的光彩，这种光彩是极绚烂，又极平淡。"

"一切艺术美，以至于人格的美，都趋向于玉的美"，我们深信，中国玉文化不仅在现时代蔚为大观，这种"极绚烂，又极平淡"的平凡而伟大的艺术审美与道德审美，一定会随着我们国家民族的伟大复兴、繁荣富强而进一步光华灼灼，不断融合创新，以更加美好的姿态傲立于世界艺术之林。

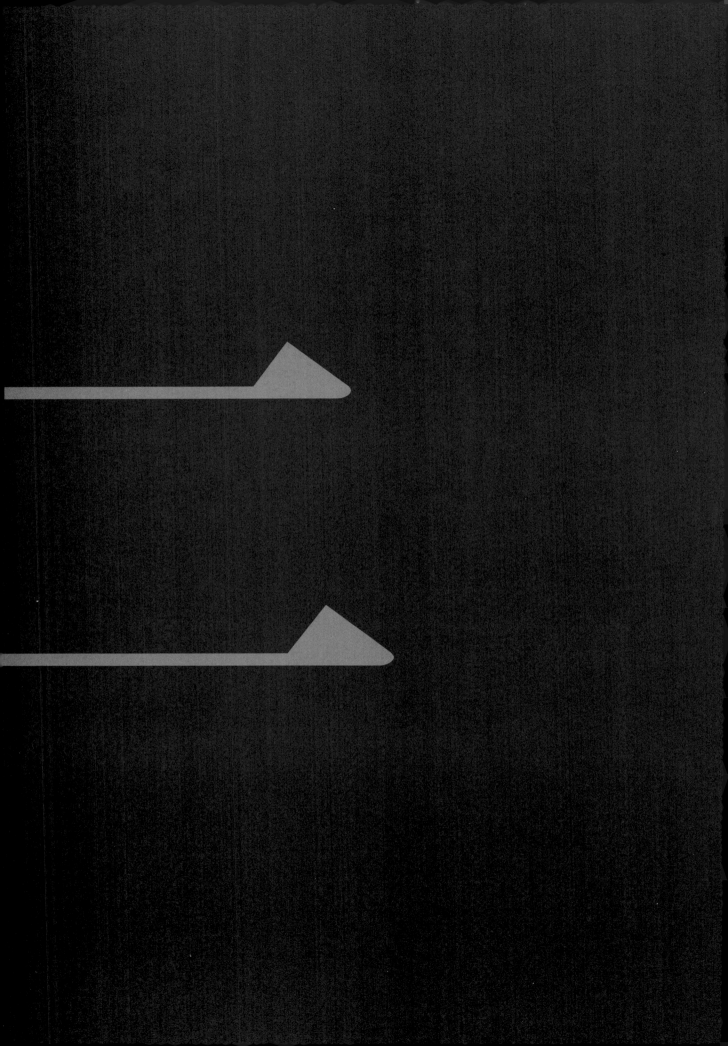

登 昆 仑 兮

登昆仑兮

昆仑之于中国，有着特别意义。或视中国山水从此起源。神话人物多在此餐风饮露，构建祖宫道庭。甚或有一些学者研究认为昆仑是中国人的起源之地。山水、神话、人种，无一不关乎文化的大问题。

与此对应，昆仑于玉同样有非比寻常的重要性。战国末期，辞藻瑰丽、爱国情深、思想汪洋的大文豪屈原在《楚辞》中写道："登昆仑兮食玉英，与天地兮同寿，与日月兮齐光。"一说在昆仑山上的确有神仙或至人、真人，与天地的寿命一样长，也许是道德，也许是法术，焕发着日月一样的光芒。一说在昆仑山上有玉，而玉英正是神仙或至人、真人的能量源泉。可见昆仑与玉有产地、文化的深层关联。这是文学、神话、宗教的想象。

宋应星在《天工开物》中说"凡玉入中国，贵重用者尽出于阗、葱岭"，贵重的玉主要来自于阗、葱岭。对此两地，《史记·大宛列传》中有一段重要记载："汉使穷河源，河源出于阗，其山多玉石，采来，天子案古图书，名河所出山曰昆仑山。"可见昆仑山（即现今的帕米尔高原）在古代科学认知地图里，也是玉石中"贵重用者"的核心产地。

现在我们关于玉的知识已经非常广博，中国玉石产地有百余处，并按区域形成了约定俗成的中国四大名玉：新疆和田的和田玉、河南南阳的独山玉、湖北郧县（今湖北十堰郧阳区）等地的绿松石、辽宁岫岩的岫玉。不过，承宋应星"贵重用者"而来，现在大家仍然高度一致，不言而喻地认为"昆山之玉"，也就是和田玉，位居中国四大名玉之首。

宋应星在《天工开物》中以非常优美的小品笔调描述了和田玉的生成和采玉过程："玉璞不藏深土，源泉峻急，激映而生。然取者不于所生处，以急湍无着手。俟其夏月水涨，璞随湍流徙，或百里，或二三百里，取之河中。凡玉映月精光而生，故国人沿河取玉者，多于秋间明月夜，望河候视。玉璞堆聚处，其月色倍明亮。凡璞随水流，仍错杂乱石浅流之中，提出辨认而后知也。"

　　和田玉从峻急的源泉中，集天地之力，经过漫长的斗转星移，激映而生。跟随着河水或快或慢，或水流花谢，或狂风暴雨，来上一趟二三百里的自然运动之旅，映射着天上银月的精光而莹澈出世。现代科学研究证明，和田玉的生成过程虽然非常复杂，但与上述过程也很接近：在三亿年前的地理力学运动中，形成矿床。尔后新生代的造山运动。矿床抬升，玉石以不同的方式出世，进而有了山料、山流水料、籽料、戈壁料等不同品种。

　　山料是没有经过崩解及搬运的山上矿石，受开采方式影响，多呈不规则形状，棱角分明，基本无风化壳层。山流水料是经过崩解及水流搬运的碎块，多堆积在半山腰及山脚，外形多为次棱角或次圆角，有一定的风蚀、水蚀痕。籽料则是高山上的玉石矿经过长期的水蚀和风化，碎化后被自然之力搬运到山谷河流之中而成，无粗造棱角，细腻温润。至于戈壁料，多数研究认为是早期形成的籽料或山流水料，由于河床改道而遗留在河流冲积扇或戈壁滩上，经亿万年戈壁风沙的风化形成的一种料子，其形状不规则，块状较小。

　　四种料中，由于质料及产量的稀缺，籽料自古以来就是和田玉之佼佼者。不过，视有皮无皮，籽料似乎又可分两大类，其价值亦有古今之别。古人钟爱"无瑕玷"亦即无皮无杂质者，《天工开物》中言："古者帝王取以为玺。所谓连城之璧，亦不易得。其纵横五六寸无瑕者，治以为杯斝，此亦当世重宝也。"然而，对于有皮者则多认为"其值无几"，只能做一些不怎么值

得珍藏的"砚托"。宋应星的这种看法代表了古代多数藏家的意见，不过现今这种看法有了一定变化。

　　冰清玉洁，像月华一样明亮的纯白色籽料虽然可爱却极难得。更何况，随着俏色巧雕等雕工艺术的发展进步，文人审美情趣的升华，世人对带皮或者皮色籽料的喜好度不断提升，并衍生出了外皮质地、沁色品类的评比轩轾之分：籽料的外皮分砂眼麻坑原生皮和色沁原生皮，后者更得青眼。皮色缤纷多彩，而普通以枣皮红、黑皮子、秋梨黄、黄蜡皮、洒金黄、虎皮子等为其中之妍者。

　　或说，一言以蔽之，好玉看质地。无论山料、籽料，抑或有皮无皮，只要料子透、油性好、触感温润，就是好玉。此为的言。上举分类只不过是一些大致标准，并非绝对。更何况在大众藏玉赏玉时代，各有各的喜好，各有各的缘分，只要是好玉，于藏者而言，样样皆得大机缘，所遇皆佳话。承此理念，雁玉自入行以来，就对和田玉籽料情有独钟，希望走精品路线，以籽料的原石和雕刻为重心，走入玉文化，与玉共舞，领略"昆仑"之美。

1. 秋梨皮山水和田玉籽料原石

2. 和田玉籽料原石

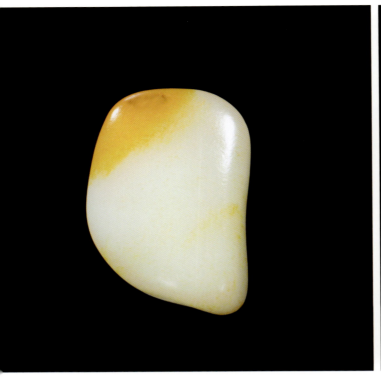

5. 聚黄皮和田玉籽料原石

6. 洒金皮和田玉籽料原石

7. 聚黄皮和田玉籽料原石

8. 和田玉籽料原石

9. 和田玉籽料原石

10. 和田玉籽料原石

11. 和田玉籽料原石

12. 和田玉籽料原石

13. 聚红皮和田玉籽料原石

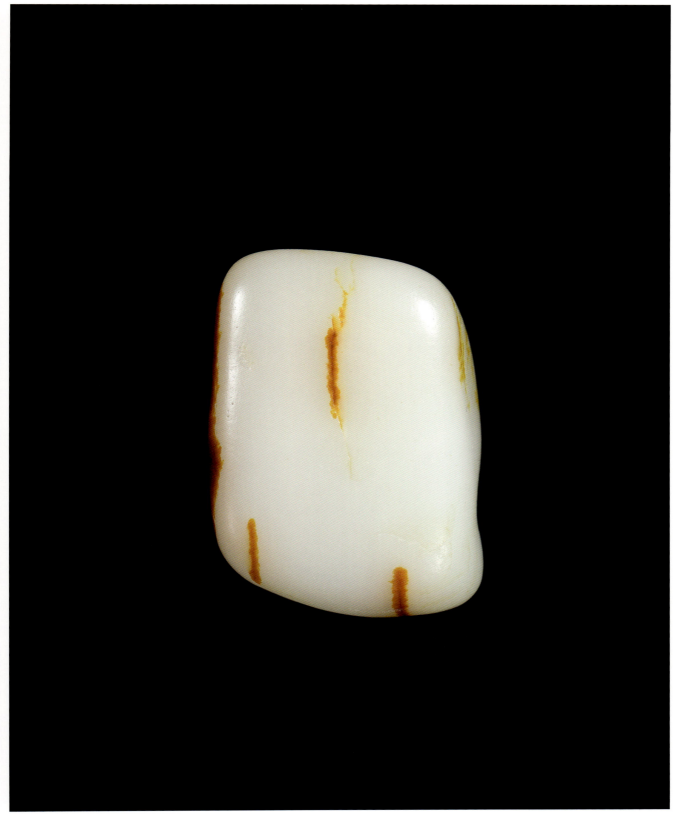

15. 洒金皮和田玉籽料原石

16. 洒金皮和田玉籽料原石

17. 洒金皮和田玉籽料原石

18. 洒金皮和田玉籽料原石

19. 洒金皮和田玉籽料原石

20. 满黄皮和田玉籽料原石

21. 满黄皮和田玉籽料原石

22. 满黄皮和田玉籽料原石

23. 满黄皮和田玉籽料原石

24. 满红皮和田玉籽料原石

28. 洒金皮和田玉籽料原石

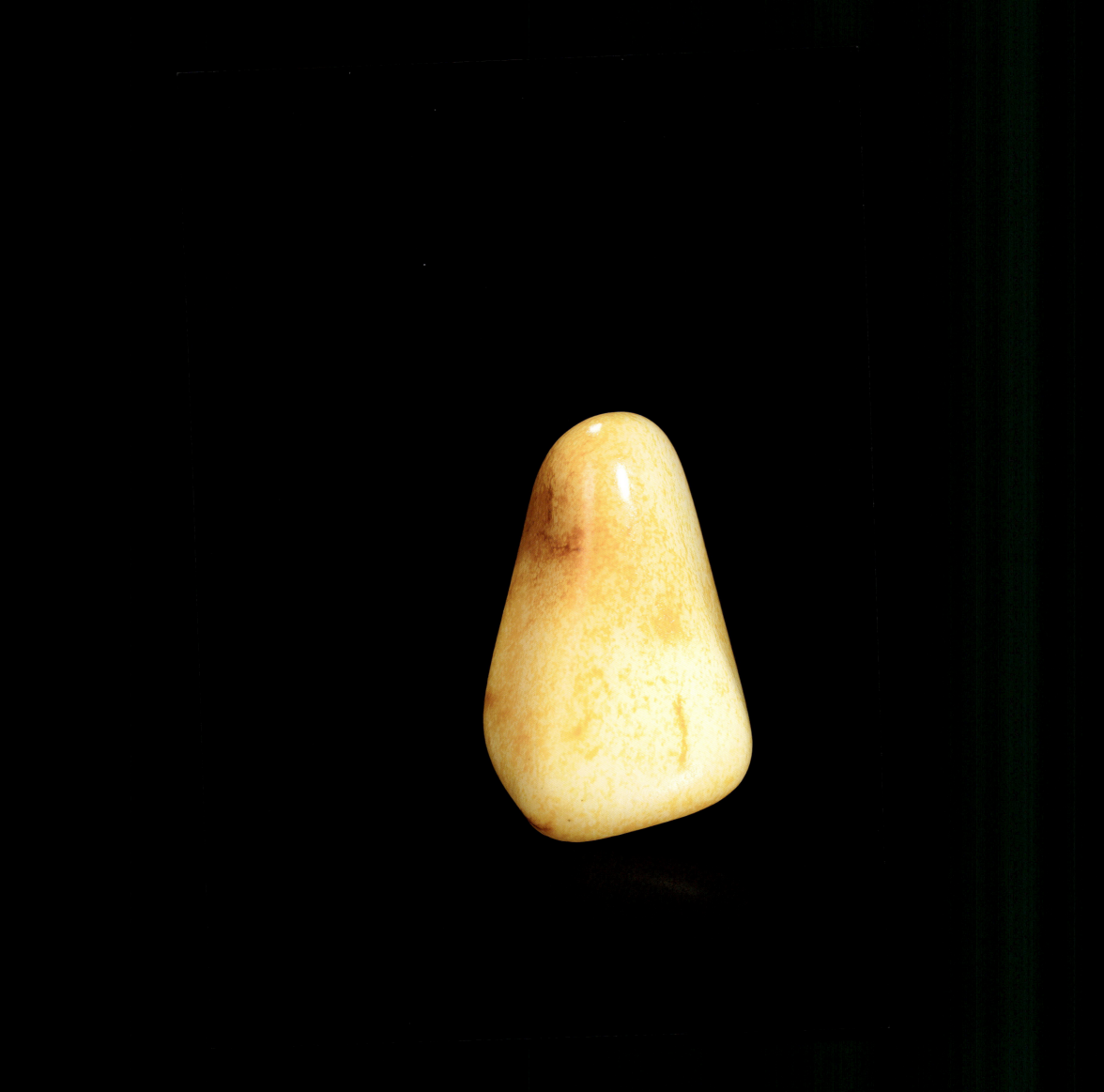

31. 聚黄皮和田玉籽料原石

34. 聚红皮和田玉籽料原石

35. 聚红皮和田玉籽料原石

36. 聚红皮和田玉籽料原石

37. 聚黄皮和田玉籽料原石

38. 洒金皮和田玉籽料原石

39. 聚黄皮和田玉籽料原石

40. 聚红皮和田玉籽料原石

41. 聚红皮和田玉籽料原石

42. 聚红皮和田玉籽料原石

44．左右聚红皮和田玉籽料原石

45．聚红皮和田玉籽料原石

46．聚红皮和田玉籽料原石

47．左右聚红皮和田玉籽料原石

49. 聚红皮和田玉籽料原石

50. 天地聚黄皮和田玉籽料原石

51. 聚黄皮和田玉籽料原石

52. 天地聚红皮和田玉籽料原石

53. 洒金皮和田玉籽料原石

54. 洒金皮和田玉籽料原石

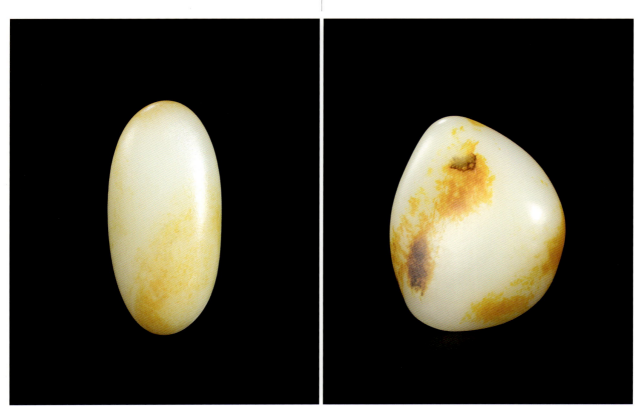

55. 聚红皮和田玉籽料原石

56. 天地聚红皮和田玉籽料原石

57. 满红皮和田玉籽料原石

59. 聚红皮和田玉籽料原石

60. 满红皮和田玉籽料原石

61. 满黄皮和田玉籽料原石

62. 满黄皮和田玉籽料原石

65. 左右聚红皮和田玉籽料原石

67. 满红皮和田玉籽料原石

69. 聚红皮和田玉籽料原石

71. 聚红皮和田玉籽料原石

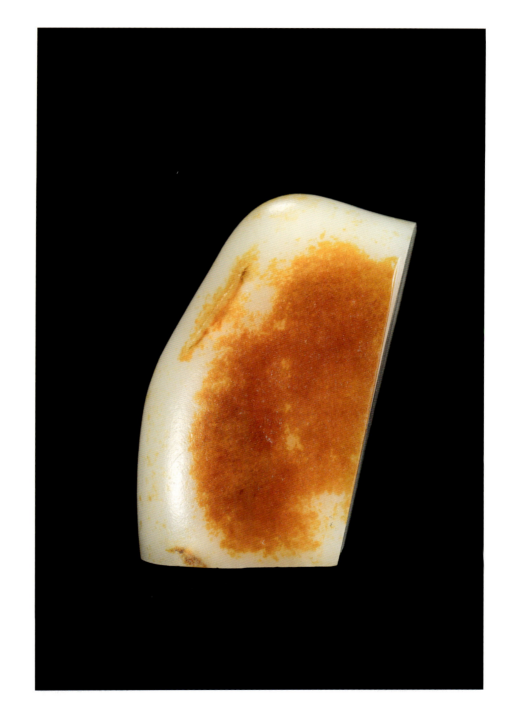

73. 聚红皮和田玉籽料原石

74. 满红皮和田玉籽料原石

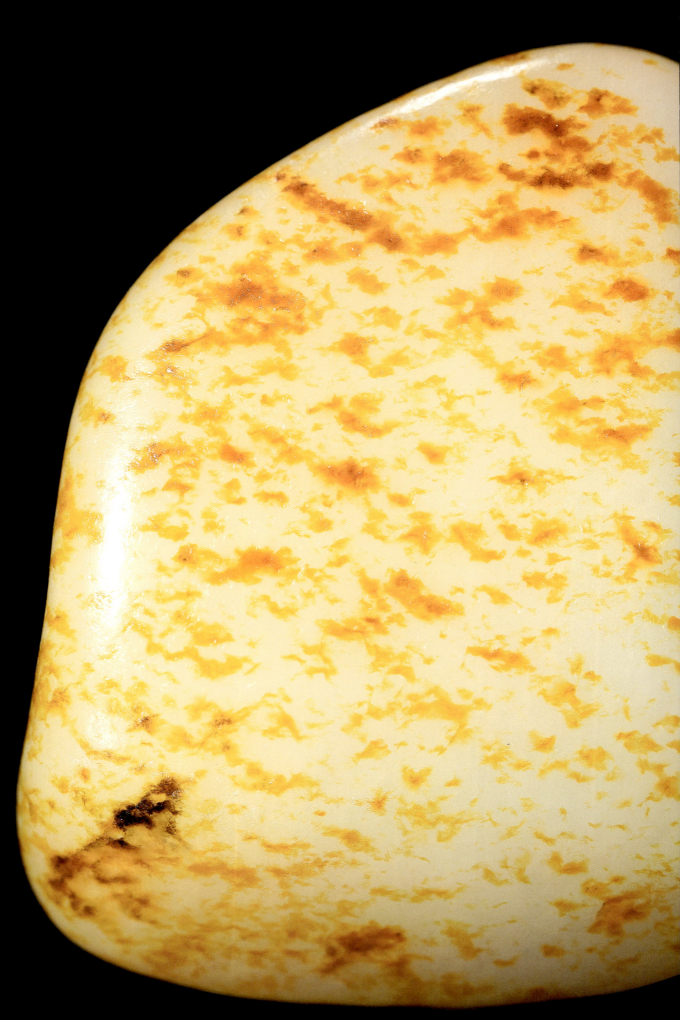

75. 满黄皮和田玉籽料原石

77. 满红皮和田玉籽料原石

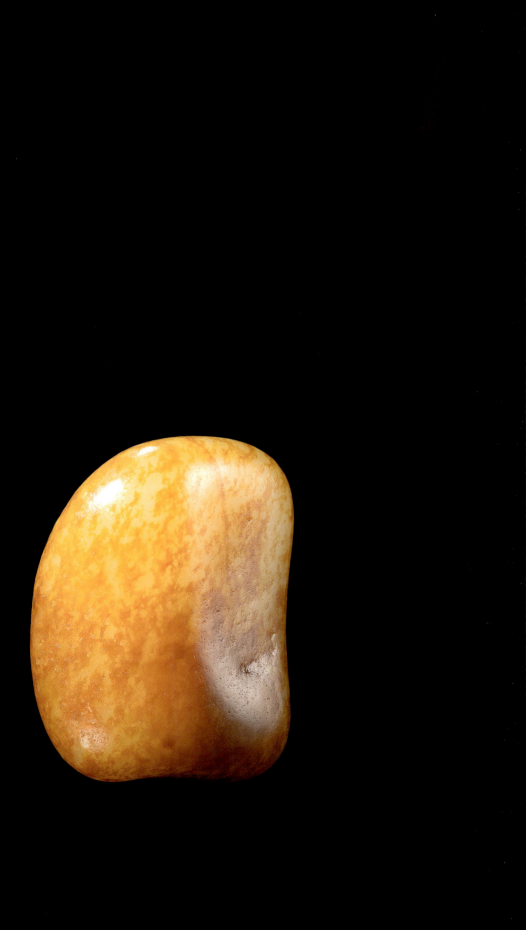

78. 聚红皮和田玉籽料原石

80. 聚黄皮和田玉籽料原石

82. 满红皮和田玉籽料原石

83. 天地红皮和田玉籽料原石

84. 黄沁和田玉籽料手链

86. 和田玉籽料手串

87. 新疆和田玉籽料原石手串

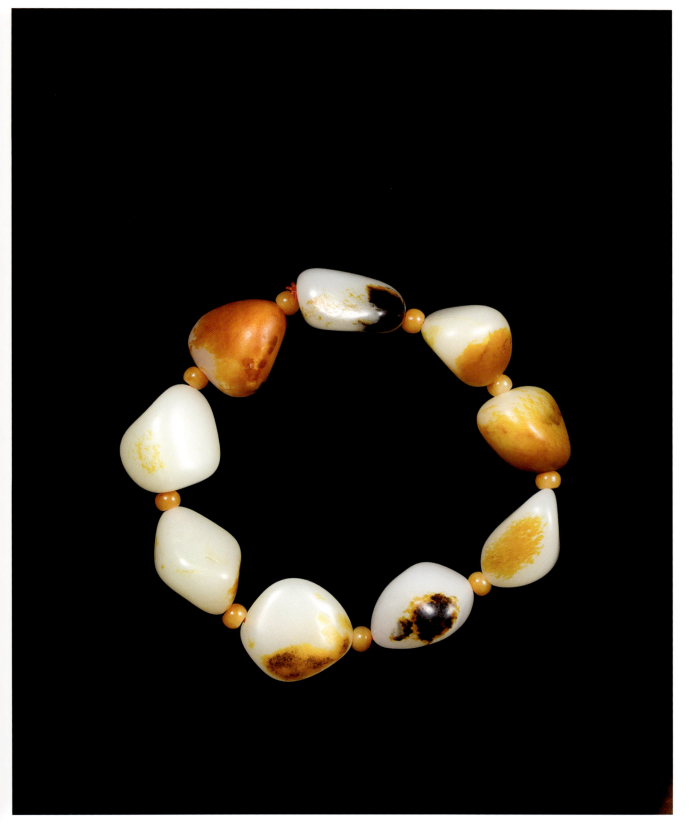

89. 新疆和田玉籽料原石手串

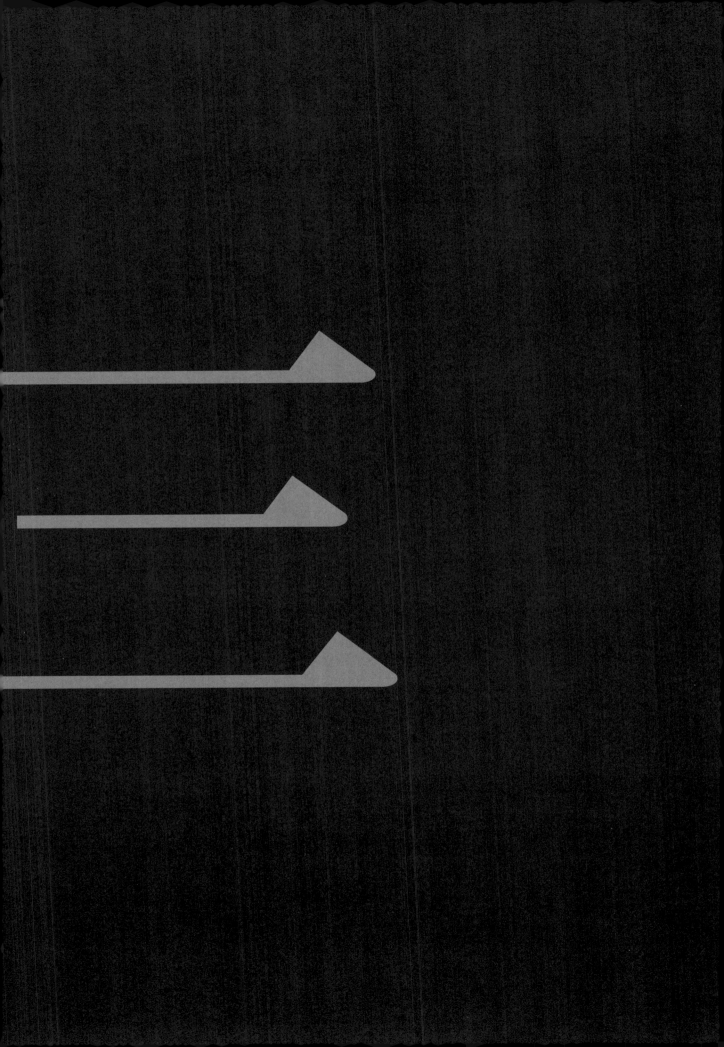

琢 玉 成 器

琢玉成器

我国的内蒙古、辽宁等地曾出土了 8000 多年前的精美玉器，可见"琢玉成器"的发端，和中国历史文化起源基本上是同时代的。在后来的历史长河中，玉雕始终是占据社会艺术领域重要地位的一个门类。一方面，玉雕从侧面反映了每一历史阶段的思想艺术审美特征。另一方面，玉雕塑造出一些具有特性的艺术形式，发展出一些专门的雕刻工艺，构建了一些有特色的艺术主题，成为中国历史文化特别是艺术史中的重要组成部分。直至今天，玉雕艺术仍然生动、强健地存在于我们的艺术活动之中，为美好生活提供艺术源泉。

关于中国玉雕的发展分期，学界有多种说法。不过这些说法并无显著差异，基本上与古代艺术、美学的分期相差无几：（一）新石器时代，是为玉雕之起源、萌芽阶段。该阶段的玉雕作品大多用于祭神与通神，形制以几何形、动物形玉器为主，手法相对原始、粗糙。（二）唐虞、夏商周时代，与"礼制社会"相对应，玉雕多以礼器的形式呈现。正如《周礼》所记："以玉作六器，以礼天地四方。以苍璧礼天、以黄琮礼地，以青圭礼东方，以赤璋礼南方，以白琥礼西方，以玄璜礼北方。"璧、琮、圭、璋、琥、璜，都是美玉的代称。考古发掘也表明礼仪用器在该时期的玉器中占比很大。形制手法上，多以长线条阴线装饰为主。表现主题上开始出现艺术味更为深厚的鸟纹、兽纹、龙纹、人纹。（三）春秋战国时代，随着哲学思想百花齐放，中国文化的理想人格于此突显定型。佩玉成了重要的玉雕应用。玉不但和阶级官僚角色形成了等级对应，"天子佩白玉而玄组绶，公侯佩山玄玉而朱组绶，世子佩瑜玉而綦组绶，士佩瓀玫而缊组绶"，而且"比德于玉"的思想基本成型，不同阶层的人戴不同的玉，佩玉在一定程度上表明了人的品格。在表现形式和主题上，对于材质的温润性需求极大提高，并注重图案的排列组合,形成了以谷纹、蒲纹、卧蚕、勾云、蟠螭、兽面等为特征的古典风格。（四）汉唐时期，社会经济文化的发展主线仍然偏重于上层路线，玉雕艺术的发展则主要体现在风格、技艺上进一步发展,如汉代的"气韵生动"和"汉八刀",隋唐融合佛教造像雕塑艺术而展现重体量、重骨法的雕塑特征与"盛唐之音"。（五）宋元明清，文人意趣与市井文化成为艺术发展的两大潮流,在玉雕上自然产生重要的突破回应:雕工日趋精致,如宋代重画理、三远法的"绘画性"玉雕。应用上日臻广泛,遍及陈设、器皿、佩饰、图画、摆件、文房用品等,主题无所不包。活力迸发,鸟兽、花草、树木、山川,自然现象、人文现象,都成了玉器表现的艺术主题。

以上有关中国玉雕发展历程的概述，也许可以挂一漏万地用三组融合概念加以概括：先秦时期玉器和君子的融合，唐宋以降玉器和山水的融合，正好象征着中国传统思想中的儒、道两极，奠定了中国玉雕文化的发展内核。此后的中国玉雕文化即在这样的一个圈子里，围绕玉器和生活的融合，别开新枝，劲吐芬芳。

这种交融当然是一种长时段的渐进式发展。与此同时，勤劳聪明的劳动人民，经过不断总结提高，积累了丰富的雕刻工艺，有专家撰文对此进行了细致胪列:阴刻线、勾彻、隐起、浅浮雕、高浮雕、圆雕、活环、镂空雕、花下压花、打孔、挖膛、剪影、汉八刀、跳刀、底子、抛光、俏色,还差一味就成"十八般武艺"。事实上，以上也只是一个相对全面的列举，例如一些以此为基础形成的高级精细技法，如薄胎技艺、梁链技艺、镂刻技艺就没有列入。它们也是玉石雕刻技艺中的重要手法，而且要求相对更高，是更见玉雕师傅胆识、技术、耐心的"险工"。

和思想、文学一样、中国的玉雕技艺也因为地域、风格、喜好不同，流传至今，形成了一些具有自身特性的艺术流派。现今主要有四派：北派、扬派、南派、海派。北派即北京、天津、辽宁一带玉雕工艺大师形成的雕琢风格，以"俏色"和刻画人物见长，风格浑厚，高雅端庄，富有浓郁的民族风格。扬派即扬州地区玉雕所表现的独特工艺讲究章法，精雕细刻，技法精湛。南派是广东、福建一带的玉雕，在镂空雕、多层玉球和高档翡翠首饰的雕琢上独树一帜，造型丰满，呼应传神，工艺玲珑，格调新颖，秀丽潇洒。海派即以上海为中心的玉雕艺术风格，海派玉器制作精巧、玲珑剔透，各种人物、动物作品形象生动，秀丽飘逸，有呼之欲出之感。

在业界赞誉的四大流派之外，必然还存在其他卓越流派和玉雕大师。即使上述称引前贤总结的各大玉雕流派特色也只不过为一种概括性总结。大家已经敏锐地认识到，现在已经来到一个玉雕艺术前所未有的繁荣时期。各种流派的交互发展、各种技艺的叠加和创新，各种料子的大胆开辟，各种主题的创意表现，使得玉雕艺术于现代艺术的园囿之中卓然峭立，清香四散。立足现实，展望未来，中国玉雕艺术发展自然要考虑技艺的传承与创新，特别作为非物质文化遗产的技艺传承如何源源不断地保持前进的生机动力。但更重要的或许是，进入新的时代，面临人民群众新的生活审美需求，中国玉雕在主题表现和思想内涵上如何做到推陈出新，如何做到大众化与艺术化的有机结合。

90. 府茂财源

整体造型巧拙兼容，对应刻线粗犷圆润两得、玉质氤氲中金色财神、玉鼠元素形象生动，背面洒金皮似祥云烘托，金玉满堂。

91. 玉镯

色泽白润素朴，质料细腻油润，线条刚柔和鸣，祥云纹饰古
朴简拙，意境悠然，大肚佛笑态可掬，生动传神。

92. 关圣帝君

关公神态昂扬，气势刚健。巧用俏色，战袍上纹饰古意盎然，生动活泼。背面及钮章篆书"过五关斩六将"及"忠心贯日"，彰显关公事迹。

93. 义薄云天

色泽雅白。正面为关公揽髯之形象坐雕，雕工细腻精致，气质威猛刚健，篆书"智勇双全""义薄云天"等。反面威严虎纹下篆书"忠肝义胆"，古朴庄严。

94. 佛手

圆润流畅之线，勾勒佛手之形。皮上微有洒金，略显佛手原色。触角优雅曲结，惟妙惟肖。佛手谐音"福寿"，与石榴、桃并称"三多"，寓意多寿、多福、多子。

95. 白玉兰

玉质细腻，色泽淡雅，叠瓣层次丰富，花蕊细节清晰可见，形神尽得白玉兰精髓。花柄处洒金皮似花香粉动，蝴蝶自来。

96. 悟道

　　珍稀而不多见的天地聚红皮，构图繁简得宜，线条圆润流畅，天辽远、地厚重，画面意境与质料融合双美，意境悠然。

112

97. 问道

皮色灿烂如霞，玉质细腻高密，雕工看似随意，匠心巧思实
有如行云流水，托塔罗汉神态慈祥，佛塔借聚红皮以突显，凝练
庄严。

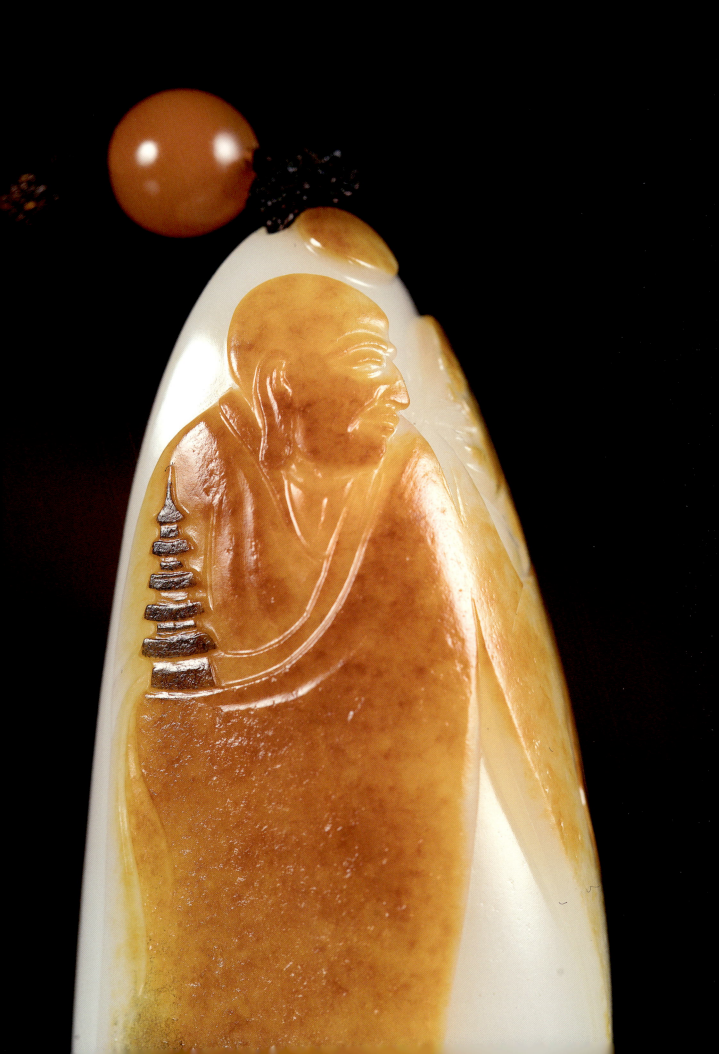

98. 福寿双全

　　玉质细腻洁白，透亮晶莹。构图饱满，好意丛生。洒金皮巧妙化衣，寿星形象生动飘逸，手持葫芦，白云冉冉，鼠来送财，牛气冲天，皆大欢喜。

99. 笑口常开

整体圆融饱满，细腻油润，红皮妙韵流畅。雕工笔法自然，细节生动鲜活，结构清晰，形象立体饱满，神态展现富于感染力，笑口常开。

100. 慈怀无量

金黄清雅，油润如脂。雕刻手法细腻生动，形象端正庄严，颇具盛唐气象。皮色上蝴蝶自然优美，意韵迭出。

101. 喜乐开怀

线条饱满，油润细腻，光韵内敛。巧妙利用洒金皮色，雕刻手法流畅自然，弥勒结构和谐，笑口大开，厚重生动。

102. 如来弘法

皮色古朴文雅，油润厚实。构图繁简得宜，造型、颜色、结构安排有序，线条凝练，细节生动传神。

103. 宝宝佛

澄澈通透、温润有泽的红皮之中，白色的宝宝佛晶莹剔亮。佛相造型立体饱满，线条流畅圆润，细节清晰生动，庄严典雅。

104. 小沙弥

　　红皮为云岚山气，洒金皮为远山带壑，小沙弥席地而坐，看山是山，看云是云，看山不是山，看云不是云，风光霁月，胜境云腾。

105. 接喜纳福

接喜纳福弥勒，油润如脂，圆融饱满，线条流畅简洁，佛态传神，福气满堂。

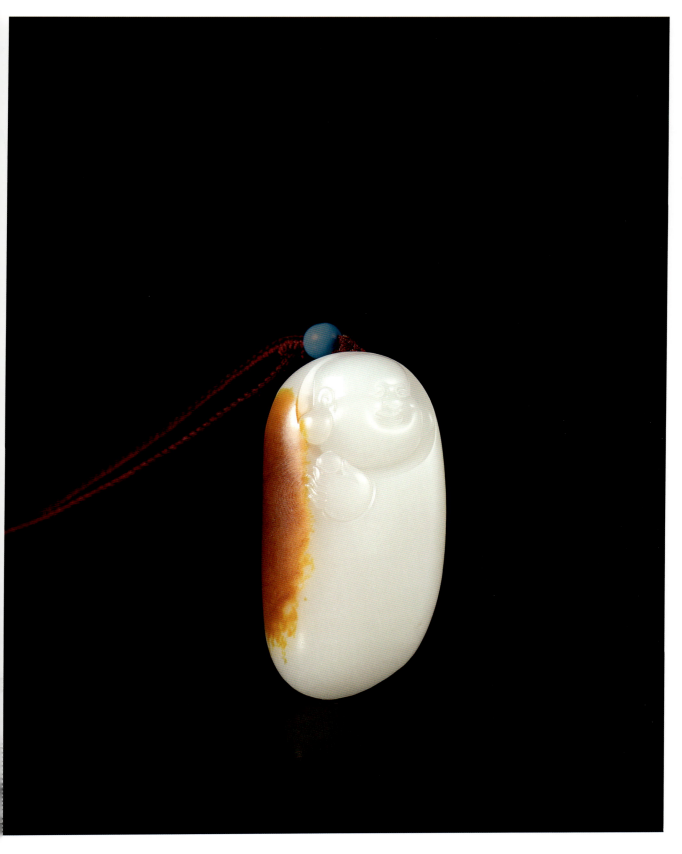

106. 随心自在

随心自在弥勒，质料净白，红皮灿亮，光韵凝秀。形象丰满
生动，巧雕皮色为袈，吉祥美满。

107. 喜笑颜开

喜笑颜开弥勒，温润凝脂，整料与弥勒融为一体，造型圆融饱满，形态生动，可亲可喜。

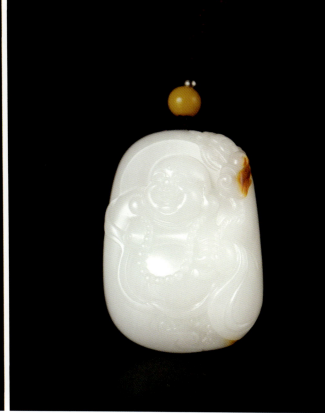

108. 福缘到

　　福缘到弥勒，洁白无瑕，色泽油亮，光华内敛，结构和谐，弥勒捧腹，仿佛鱼跃财渊。

109. 喜乐随缘

　　喜乐随缘弥勒，质料素洁细润。刻线柔美，纤细可见。弥勒春风拂面，衣袖飘逸，笑口大开。

乐逍遥

乐逍遥弥勒，质料白润细洁、密度上佳，雕刻线条
形象生动传神，富态慈祥。

111. 开怀常乐

　　开怀常乐弥勒，弥勒盘坐，上身雕工细腻，下身将
意境与雕件轮廓融为一体，线条圆润，浮雕方柔相济，意
境祥和。

112. 喜纳洪福

　　喜纳洪福弥勒，结跏趺坐，线条流畅，雕工精细，玉质通透，神态真实，富有感染力。

113. 鸿运当头

红运当头弥勒，玉质细腻，温润可感。造型圆融，构图饱满，皮色巧用，或为额前一点，或为手中佛珠，或为化生之发财树，寓意丰富。

笑迎福来弥勒，质料温润有光，造型敦厚圆实，线条细腻自
然，意态闲雅，笑容生动，富有感染力。

114. 笑迎福来

115. 永葆福禄

　　永葆福禄弥勒,以皮色为主体雕刻佛像,别具一格。弥勒笑容满面,珠圆玉润,头顶葫芦,谐音福禄聚首。

116. 和合二仙

　　"金玉良缘"黄皮籽料作为和合二仙的载体,洵为佳品。二仙笑容可掬、蓬头垢面的特征,生动形象。一仙持宝盒,一仙持莲花,莲花以抽象手法借外围洒金色皮表现,恰到好处。

117. 花开见佛

洁籽料白文雅，光润内敛。与此相契合，雕刻遗形取神，手法独到。线条简约，云气缥缈。天地之上，俏色巧雕。禅意之境，韵味别致。

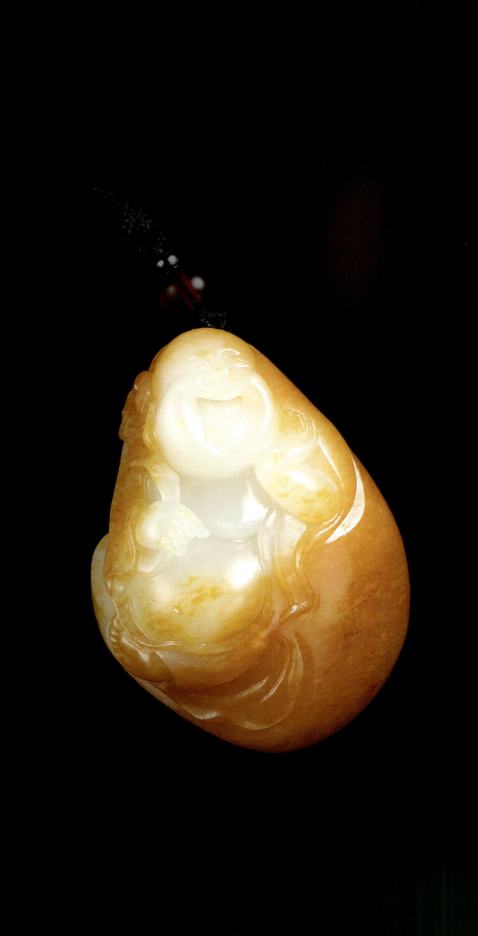

118. 笑口常开

皮色雅丽，油润如脂。弥勒托腮，依几侧卧，生动形象。下巴圆润突显，尺寸略作夸张，笑口大开而不逾矩，感染力十足。

料质感观典雅朴素，主体形象色泽清丽，芭蕉叶、蝴蝶结生动却不抢镜，雕刻繁复而不失精细流畅。三娘形象从发型到服饰皆极具唐代仕女风格，气质优雅，温婉慈爱。

120. 慈航普度

质料素洁清雅，细腻温润，光华内蕴。形态圆润，线条流畅，形象生动，刻画传神，端庄慈祥。

121. 纯一妙善

坐莲观音是玉雕件中非常受欢迎的题材之一。本作品细腻雅白，温润凝实，表现结构精妙，线条自然，刻画真实饱满。

122. 净瓶观音

密度上佳，细腻雅润，以圆形凹雕像，构思巧妙，线条飘逸
而具动感，形象生动，细节传神。

123. 慈怀若水

　　此件作品艺术特色十分突出，观音形象繁简得宜，上半部佛像、背光、佛珠精细巧丽，下半部线条简约，却意境非凡，表现张力充盈。

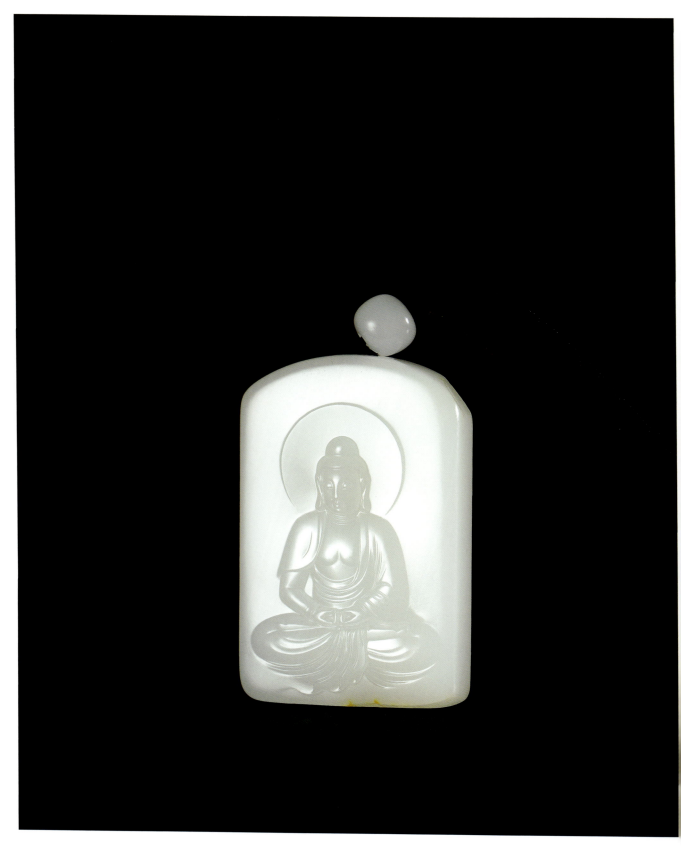

124. 浮生拾慧

此件玉雕白润有光泽。佛陀双足交叠而坐，双手结印，结构
比例和谐，线条自然，细节形象生动，身形安然，富有感染力。

125. 如意观音

质料白润内敛，形象微笑传神，凹凸处理得当，上深下浅，线
条繁而不扰，细节精致，各得其宜。

126. 花开见佛

造型圆融，温润细洁，光感凝秀，金雅皮色巧雕为花，浮雕形象饱满，比例得宜，自然流畅。

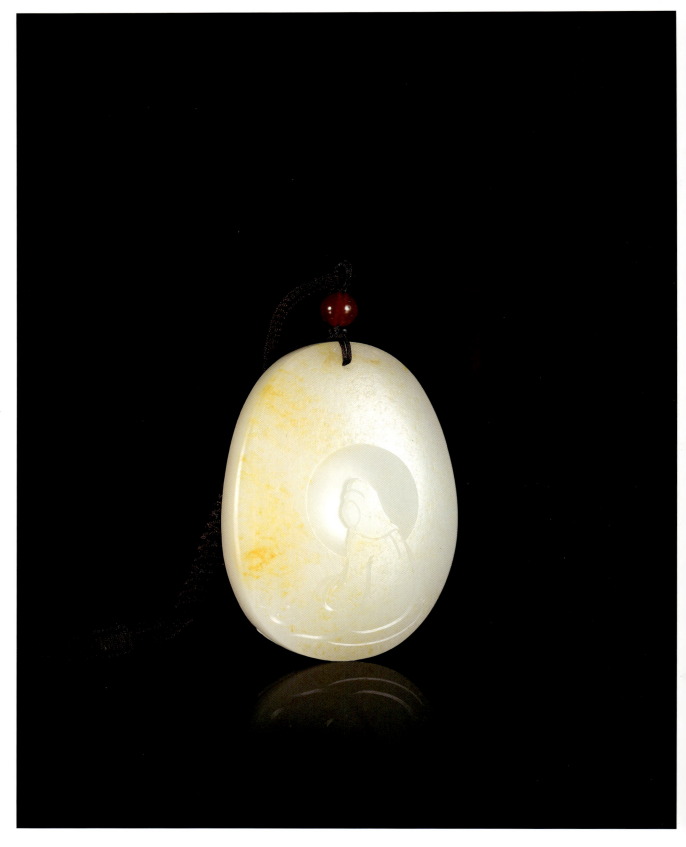

此件作品的创意得中国文化儒释两家旨趣。一面山水章法谨严，飞檐翘角若隐若现，诗情画意。一面巧用皮色，刻画留白，意境空灵。

127. 山水观音

128. 善取莲花净

雕刻手法圆融自然，金色莲花巧用皮色，婀娜美丽，观音形象青春富态，特征刻画到位，感染力充沛，纯净美善。

129. 送子观音

白润细腻，色泽透亮，几若凝脂。雕刻比例得当，结构得宜，线条柔美，形象传神，一侧胖态可鞠的小孩和莲子，巧用皮色，鲜明艳丽，表意美好。

130. 天降祥瑞

　　此件作品巧妙利用头顶皮色，凝练简约，注重意境，刻画形神兼具的瑞兽与佛像组合，圆融和谐。

131. 红运当头

晶莹剔透，垂髫小孩造型憨胖可爱，表情天真，微笑纯净。小孩顶上头发与手持如意之柄端则巧用红皮，金玉呈祥。

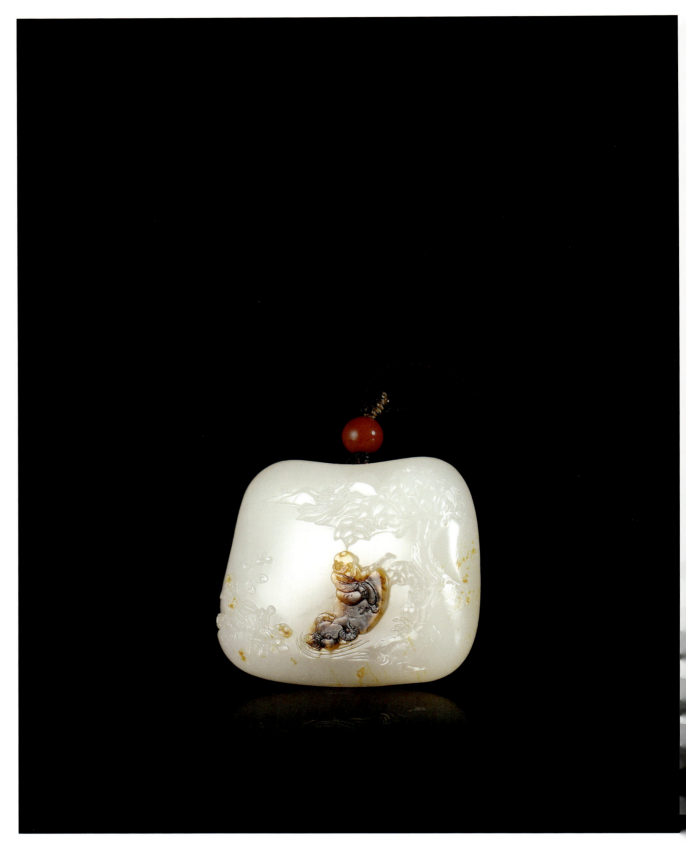

132. 牧牛童子

此件作品似山水人文画，有树、村庄、老牛牧童、溪水、莲花、蝴蝶，元素齐备而布局得宜，似有密不透风、疏可走马之韵。牧童与老牛以牛背化用天然皮色，毫无造作之气，自然美好。

133. 一团和气

此件作品以"心"为型，时尚巧致。一侧略显洒金皮，玲珑剔透，更增视觉美感。玉面浮刻形象呆萌、耳大招福、手捧铜钱的"送财童子"，童稚可爱。

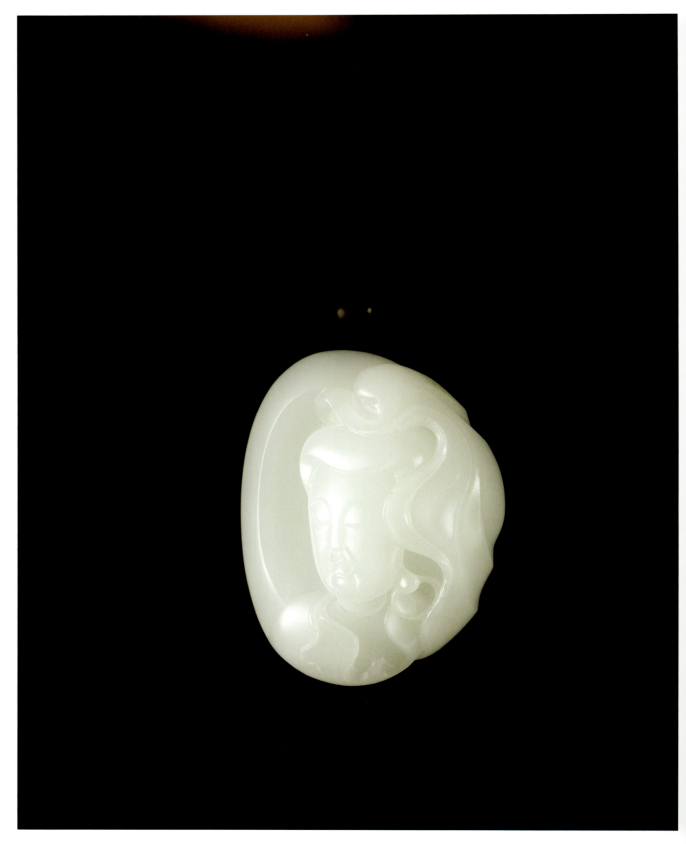

134. 观音

色调纯洁无瑕，质料细腻温润，光华内蕴。观音造型笔法简约飘逸，慈悲之情生动传神。

135. 渔翁得利

红皮凝秀，白润如脂。长寿老翁、活泼金鱼、玄武之背以夸张的手法融合到一起，却无丝毫违和之感，意韵丰满。

136. 道德经

皮色金雅，玉肉白润，构图极具创意，一面洒金皮色围合而成的书窗之侧，老子以玄妙深邃之姿，不言而言。一面篆刻《道德经》句曰："圣人之道，为而不争"，"道可道，非常道"，"无为而无不为"。

170

137. 童子献寿

金玉结合，密度、光感上佳。构图和谐，章法谨严。金彩辉煌中，太上老君慈眉善目，座下童子，仙桃献寿。反面烟霞飘逸，篆刻道家箴言"道可道非常道""圣人之道，为而不争"。

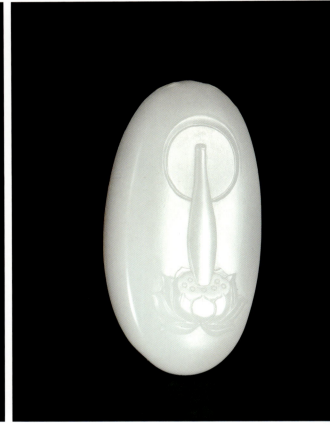

138. 财神

　　白度、细度优越，温润厚实，观之似有光泽流动之感。从全景看，似财神背"葫芦"而来，谐音"福禄"。从细部看，财神笑容满面，形象鲜明可亲。

139. 平安

　　白肉厚实细腻，光韵内敛。线条自然简洁，刻以莲花净瓶，整体氛围古拙，艺术感十足。

. 福在眼前

淡雅圆润，光泽明亮。刻山石草木祥云，构图优雅，疏致，得中国山水画之韵。而祥云带孔，似古代钱币，蝙前，乃玉雕题材中常见的"福在眼前"。

141. 寿星

温润凝脂，色调纯雅淡朴，韵致平实。整体刻画形神兼备，构图饱满。寿星的高额夸张突显，长眉长须，飘逸自然。寿桃丰满圆润，意含美好。

142. 老子出关

　　整料似葫芦，皮色艳丽，白肉细腻。雕刻笔法极具动感，老子身下青牛欢腾，奔跃向前，黄皮色泽妍丽而外围星光点点，恰似大漠之境，老子西出。

143. 为而不争

　　质料明亮流丽，密度上佳，光感通透。雕刻手法与内容相契，贵神重意，简约而不简单，篆文曰"圣人之道，为而不争"。

一路向阳

造型圆润，光亮通透，脂分浓郁。画面简单几笔，却□创意，化用左右聚红皮，大小结构得宜，一路向阳，意□阔。

145. 福龙耄耋

芙蓉花开，春暖人和。猫闲卧，蝶恋花。"猫"与"耄"同音，"蝶"与"耋"同，玉石雕刻中猫与蝴蝶经常作为主题出现在一起，寄意长寿健康，福隆祥盛。

146. 溪岸驯鹿

满黄皮色泽典雅富贵，脂性温润浓厚。一面以浅浮雕刻画士人溪岸放鹿山水图，巧借皮色，自然人文契和。一面刻李商隐名句："昨夜星辰昨夜风，画楼西畔桂堂东。身无彩凤双飞翼，心有灵犀一点通。"鹿与"禄""路"谐音，意蕴美好丰富。

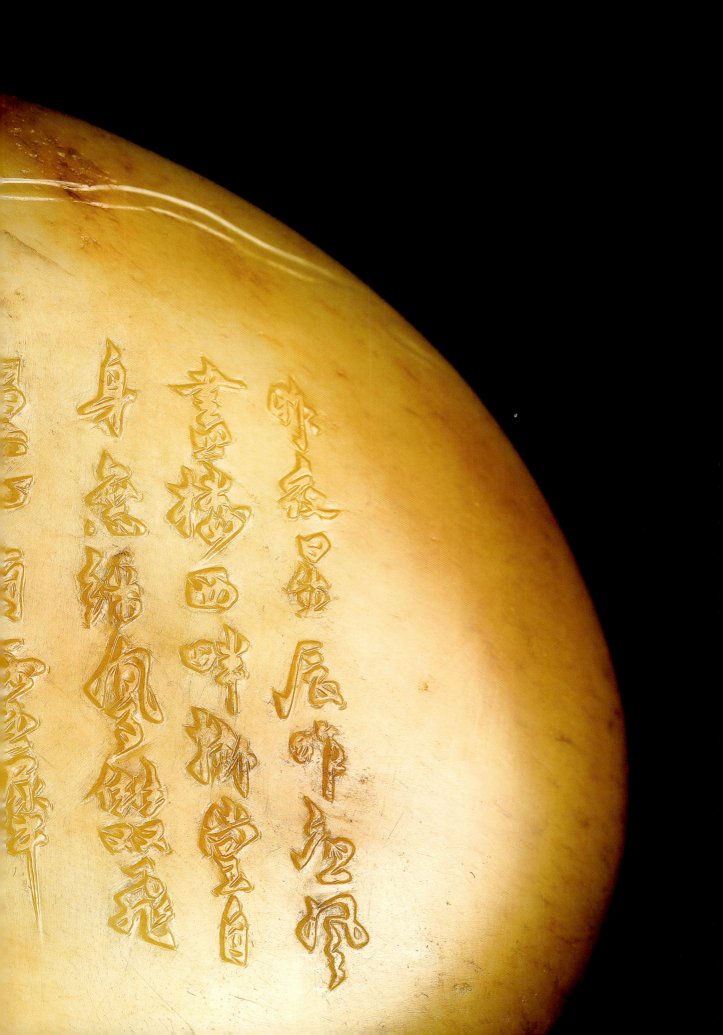

147. 中国龙

整体造型呈心形，色泽洁白典雅，最难能可贵的是中间枣红皮色似中国地图，寓意大好河山，炎黄子孙应以勇猛刚健之势，自强不息。

148. 火凤凰

琵琶作为中国古代的特色乐器，因其头部多用凤首或凤尾的形状设计，故有"凤首琵琶"或"凤尾琵琶"之称。本件作品利用枣红皮，生动刻画"凤凰琵琶"，寓意好事成双，金玉满堂。

. 龙行天下

色泽金黄，质地细腻，脂性浓厚，光泽上佳。形状
形，上塑中国文化之象征中国龙，威武庄严，腾云
，迎风遨游，气韵生动。

150. 金榜题名

油润细腻，滋润莹秀。造型圆融，线条柔美，巧用
红皮，创作特色鲜明、笑容满面的举榜弥勒佛形象，可
喜可亲。

151. 牛气冲天

　　整体造型天圆地方,料性温润厚实,光泽、细度上佳，稳重而不失灵巧。雕刻巧用聚红皮色自然之韵，深者为牛头、牛角、牛脊，浅者为牛身，浑然天成。牛头细节精致，神情生动。

152. 三色龟

肉白而皮鲜，光泽明亮，细腻柔和，黑皮作甲，红皮为肢，造型圆润，线条有力，色调可喜，形态逼真。

153. 玄武

　　饱满厚实，色泽光润，艳丽不俗。龟背金雅少假雕饰，头部
以特写手法呈现细节，金甲玉龟，吉祥如意。

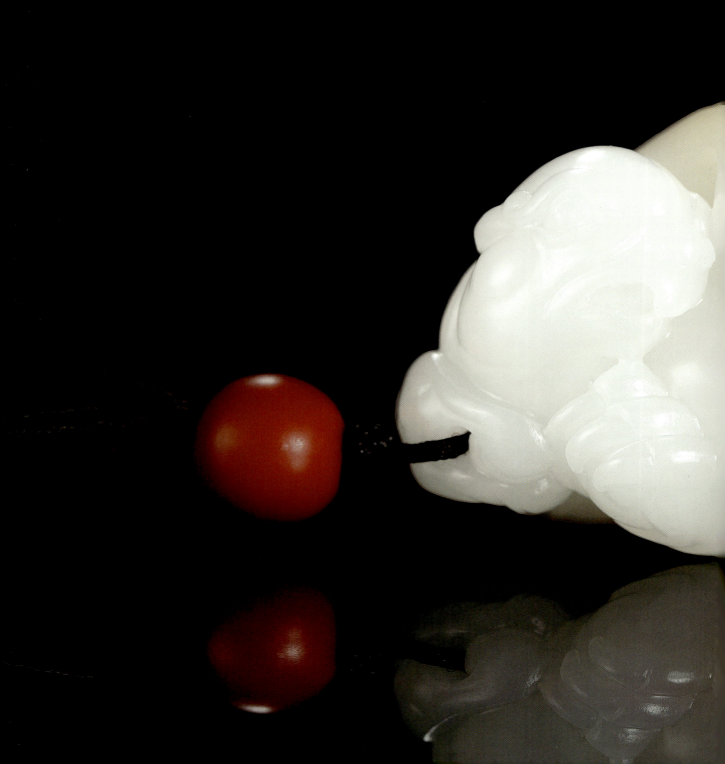

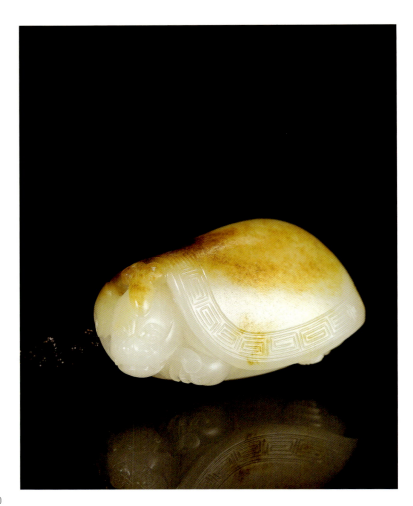

154. 龙龟

　　色泽金雅古朴，玉质白净透亮，脂感凝厚。线条简约，气韵古拙。结构精准，神形兼备。

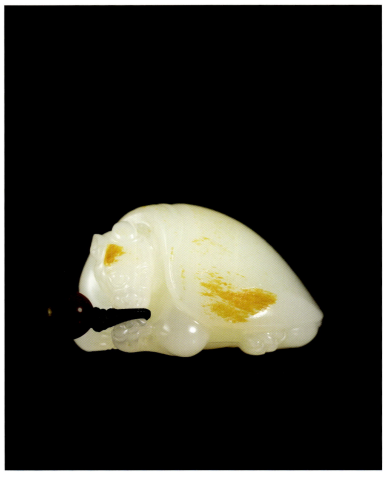

155. 龟

　　肉色细腻白净，光泽透亮。籽形圆融，龟背高耸。洒金飘逸灵动，雕刻繁简相融，流畅自然，神韵悠扬。

156. 红皮龙龟

朴实温润，布局有致，龙龟偏处一隅，龟背皮色天然古朴，雕刻纹理细致，神态灵活，动感十足。

157. 龙龟

　　白玉细洁，红皮灿然，两者浑然圆融。造型饱满，线条自然无碍，结构比例精准，形象立体。生动活泼，动静皆得。

158. 龟鹤延年

　　白鹤作为仙兽之一，常与灵龟组合表现。本件作品灵龟背甲
古朴生辉，皮色净雅，仙鹤优雅多姿，流畅白净。繁简得宜，肌
理圆润匀称。

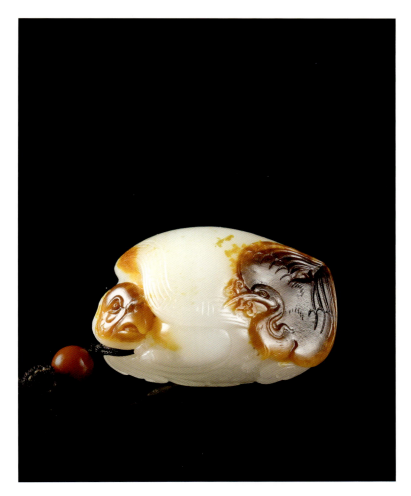

159. 龟鹤延年

　　光感明亮，质感十足。灵龟形态慈
祥，仙鹤展翅翱翔，形象鲜活，构图巧
妙，意韵生动。

160. 金龟

　　皮色金黄满布，肉质细腻明亮，温
润如脂。灵龟双眼炯炯有神，肢体动感
跃然，形象立体丰满，活灵活现。

161. 龙龟

　　厚实饱满，色泽妍丽喜人，曲线优雅，结构精准，龟背敦实厚重，神态慈祥安宁。

162. 前途无量

　　色泽艳丽，柔和温实，光气湛然。雕刻虽简，浑圆可爱，眼神生动，动作矫捷的玉兔形象跃然而立，"兔""途"谐音，寄意前途无量。

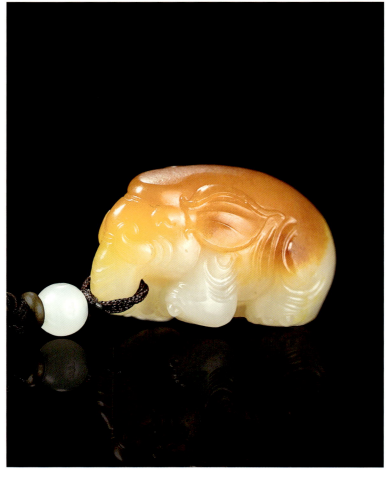

163. 吉祥

　　"象""祥"谐音，"象"被赋予了吉祥的寓意。本件作品红皮白肉水乳交融，光泽透亮明艳，大象造型轮廓圆润，厚重敦实，线条凝练圆实，生动传神。

164. 太平有象

本件作品不但皮相肉质金玉之相浓郁亮丽，造型亦饱满生动，圆畅自然，细节突显，象韵飞扬，观赏、收藏把玩皆称上乘。

165. 金玉满堂

　　玉质细腻，白净与金黄纯正相融，光泽莹亮。浮雕造型构图新颖，简约而意象丰蕴，似鱼像龟，艺术感浓厚。

166. 唯吾自在

　　这是一件非常具有禅意的作品，颜色对比分明，亮丽温软，造型呈三角形而挺拔，上部黑红皮雕金鱼，呈现似瞑非瞑、悠然自乐的鲦鱼之境。

167. 力争上游

皮色金亮，油润凝脂。造型生动，线条刚柔并济。动感充沛，奔跃而上，力争上游。

168. 连年有余

造型轮廓圆融可爱，质料白净素雅，皮色灿然，光感澄澈。线条流畅自然，鱼戏莲叶之间，意韵生动，年年有余。

169. 慈航法度

器型饱满厚实，玉质细腻滋润，脂性浓郁，光华内敛。游鱼
壮硕有力，作逍遥之游。上下天地红皮天然简约，意境独具。

170. 鱼乐图

金皮白肉，色泽可爱明亮，"名副其实"的金鱼在精致美丽的莲花、若隐若现的水草之间，欢快嬉戏，生动活泼。如鱼得水，金玉满堂。

171. 金龙鱼

　　白质而金脊，明亮而起光华，富贵之气自然四溢，刻工精细，惟妙惟肖，乃金龙鱼之佼佼者。

172. 龙鱼

　　不可多得之宝绿肉色，油润莹亮，鱼身、鱼尾、鱼肚金线灿然，色
调美艳，形体动感充盈，刻画鲜活，灵气盎然。

173. 年年有余

　　枣红皮厚重圆润，光泽滋润，有似锦鲤。雕刻天赋鱼状，雕刻点睛加尾，形神兼具，艺术气息浓厚。

174. 连年有余

　　白玉无瑕，清纯朴素，温润绵软。雕刻线条柔和，肌理圆融饱满，金鱼自然可爱，游戏珍珠水草之间，惬意自得。

175. 太极双鱼

此件作品料子、创意皆极佳，金黄灿然，白玉细润，巧化两
鱼双色，头尾相交有如太极，雕法古拙，线条优雅灵动，耐人寻味。

176. 鱼化龙

鱼化龙，源于一种历史悠久的纹饰，也称鱼龙变化。此件作品色相璀璨，饱满立体，光华熠熠，鱼头头顶高冠，线条简约自然，神韵丰富，稳重而不失灵动。

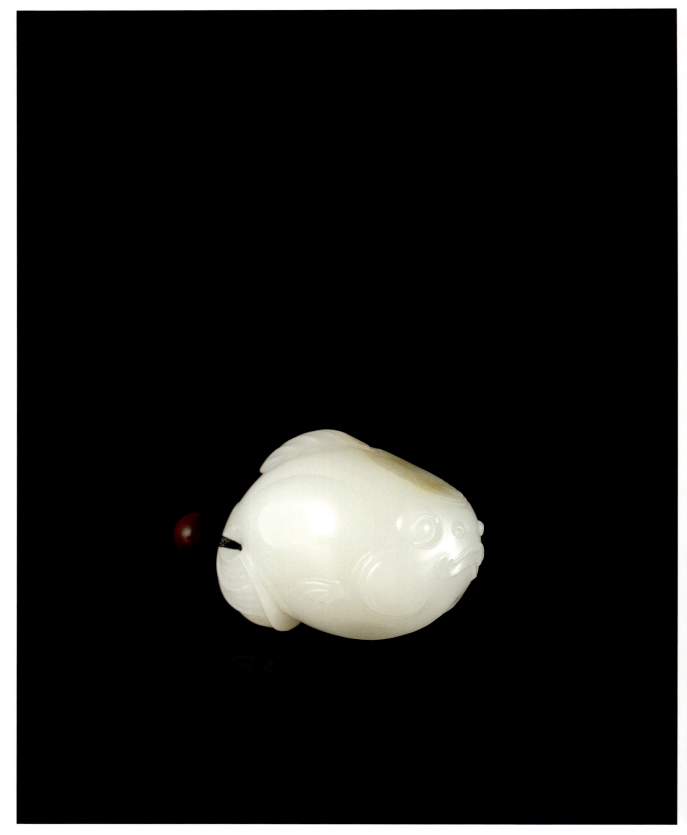

177. 胖头鱼

质料白净细腻，光华内蕴，温润朴素。造型圆润饱满，胖头鱼线条廖廖而意韵生动，憨态可掬。

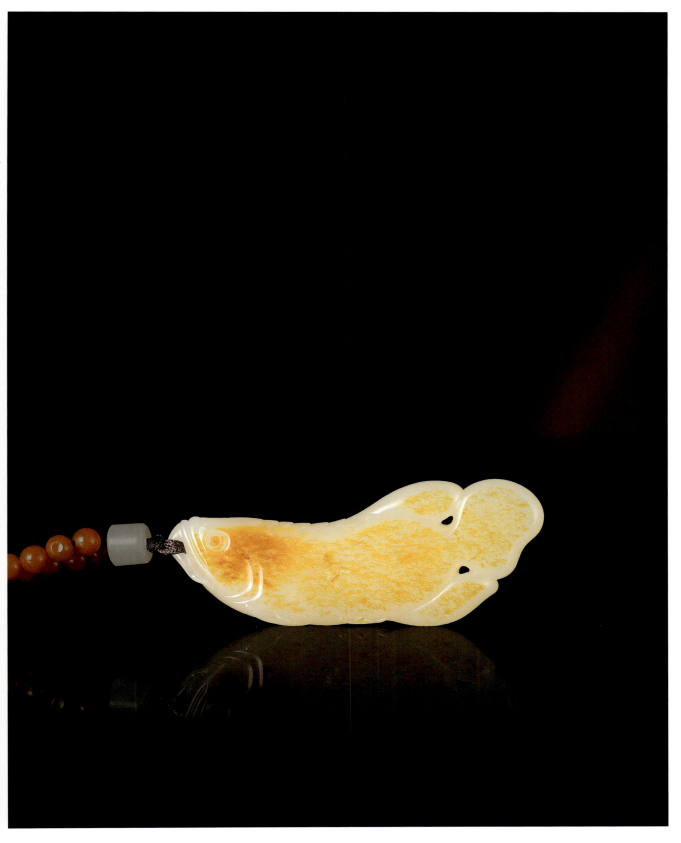

178. 金龙鱼

四周洒金皮，鱼头部位略深，自然绘就金彩鱼鳞。整体形状
挺翘向上，有如鱼跃龙门，寄意深远。

179. 年年有余

　　料子油润，几若凝脂。双鱼构图匀称，线条优美。灵巧生动，欢快摆尾，悠游于水草莲叶之间，相悦相得，年年有余。

180. 金玉满堂

造型优美，光泽透亮，温润油厚。点点洒金分布于玉海之中，巧布一鱼一龟和谐相处，结构妥帖，趣味盎然。

181. 金玉满堂

造型典雅，料质细腻，温软绵厚。皮色金玉相间，有如天地海洋。金鱼遨游其间，左右逢源。

182. 天鹅

洁白细腻，色泽清雅。深雕浅刻，章法谨严，构图和谐，线条自然流畅。天鹅优雅动人，与载体浑然一体，冰清玉洁，相得益彰。

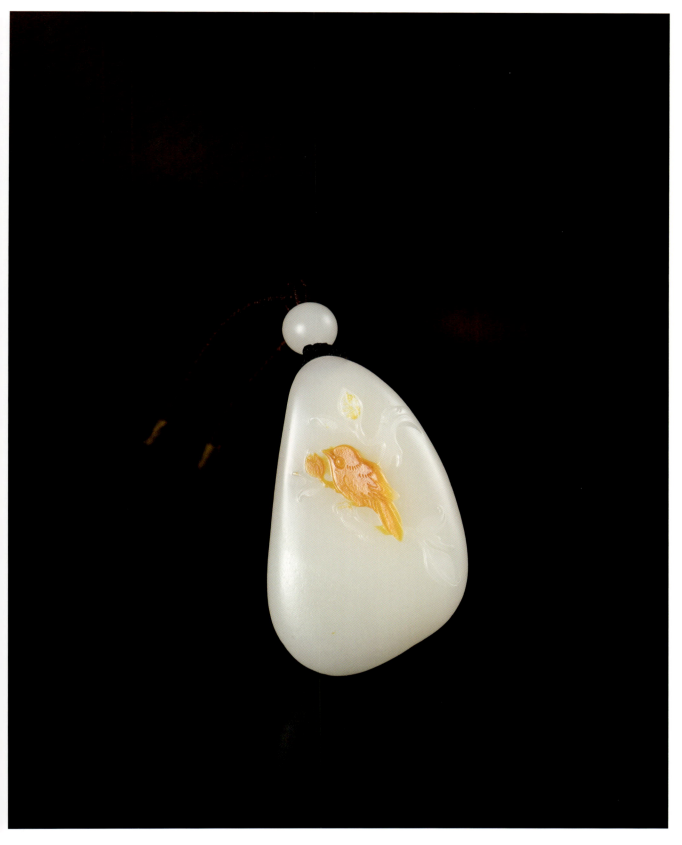

183. 喜上眉梢

温润洁白、平整稳重的玉面之上，活泼可爱、眼神明亮、色彩明艳的喜鹊悄然俏立，有如"画龙点睛"，主题形象突出，欢快愉悦，张力充盈。

184. 情投意合

造型饱满圆润，黄皮白肉，脂性浓厚，色泽雅丽，光感剔透。柔和流畅的线条间，天鹅比翼，壮硕优雅，神情自得，悠游于莲丛清波，心有灵犀。

185. 岁岁平安

匠心巧用，构图新颖。洒红皮为窝，不但孕育出光泽明熠、温
润柔软的洁白美玉，更引来燕子安居。刻画手法精细，线条柔美
而不失刚健，生动传神。

186. 安居乐业

天地聚红皮，细腻温软。构图艺术留白，意蕴丰富。线条老练，神态突显，化用黑皮刻雕的燕子，相互凝望，深情相顾。

187. 喜旺

皮色富丽，光泽明亮，细密可喜。结构章法谨严，两只金鹊
深情相望，造型跃然生动。莲花饱满优雅，莲子颗颗壮实，自然
张力十足。

188. 清荷朗润

　　光泽明亮，细致绵密，色调可喜，整体意境充实和谐，夏日荷塘之中，晨曦微风，荷叶滴露，莲蓬饱满有力，水波粼粼，晨鸟神闲意适，余韵悠长。

189. 更上一层

造型优雅，油润如脂。构图极具匠心，上端雅白，则简笔刻画仙鹤，遨游云上，清贵高超；下端凝艳，则楼宇端庄，飞檐翘角，古朴典雅。

190. 福鼠

　　细腻白润，光泽素雅，脂性浓郁。福鼠塑形，线条方圆相济，流畅自然，简繁相融，形神兼备。

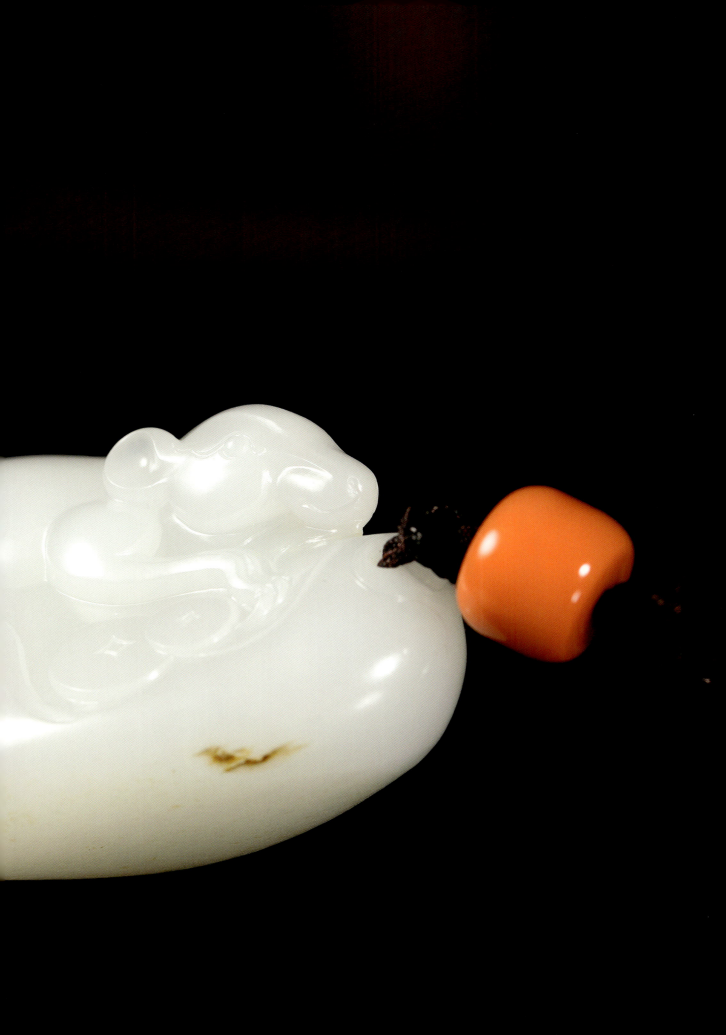

191. 春风一路

玉面上布满洒金皮，吉祥金玉之色可喜可爱，条纹一致，有若春风拂面。春风中，精细浮雕仙鹿，鹿角有力，神态刚健，奔跃带风，动感十足。

192. 灵猴献福

  圆润细腻，油脂如膏，天地洒金皮，色泽明艳。构图和谐，云雾深处，仙山耸立，金猴自然灵动，眼神炯炯，形神皆得。

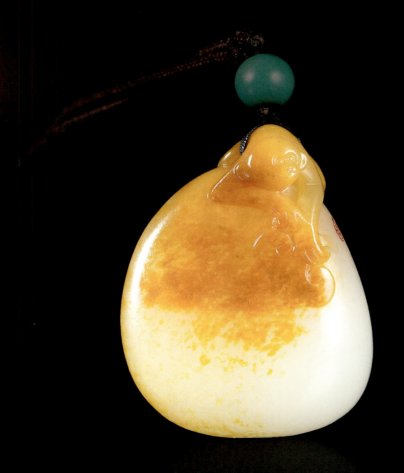

193. 一夜封侯

　　本件作品构思巧妙。素洁细润，仙果凝脂。皮色灿然，金叶生辉。灵猴小巧可爱，动作轻柔，攀枝前来，鲜活生动。

194. 灵猴献寿

　　厚润饱满，细质洁白，脂性浓郁，光泽剔透。简简几笔，塑出灵猴之形。妙用皮色，点睛显灵。弯腰团抱，憨态可爱，仙果可珍。

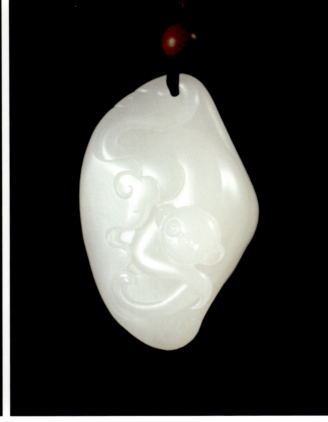

195. 金猴聚财

脂白油润，细腻可亲，光泽雅亮。灵猴雕刻线条简单，却比例精准，形象立体，神态生动，活泼可爱。

196. 福寿

质料洁白无瑕，细腻雅致，敦厚凝实。雕刻构图充盈，繁简得宜。仙桃简约而形象丰满。灵猴半隐半露而灵气四溢，神表兼得。

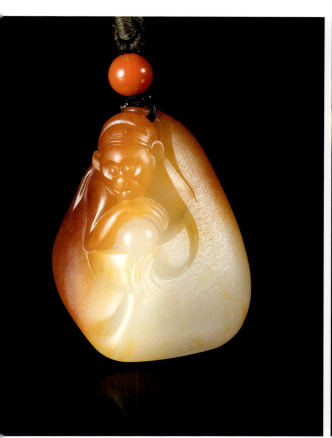

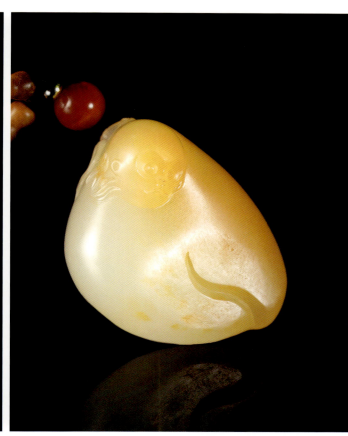

. 猴子献寿

红皮似霞光明艳灿烂，玉质温润细腻，惹人喜爱。造巧，灵猴自天而降，形象立体，表情欢愉，眼神炯炯，手盒。宝盒之中，仙桃晶莹剔透，精华蕴藉。

198. 金猴

　　晶莹剔透，油润细腻，可玩可赏。灵猴或攀缘或闲卧之情态毕现，结构精准，堪称妙品。

199. 辈辈封侯

质料洁白油润，黄金皮色清晰分明，美好灿然。以此为焦点，俏色巧雕一大、一小两灵猴组合，线条圆畅，温情相拥，意象丰富。

200. 顶呱呱

青蛙与蟾蜍都是玉雕中常用的题材。本件作品白净雅致，高贵内敛。纹饰古朴圆融。青蛙戏珠，形象立体丰满，精致细腻，鼓眼有神。"蛙""娃"谐音，寄意美好。

201. 貔貅

温软纯白，光泽柔亮，整体形状饱满流畅，塑刻成五大神兽之貔貅，线条圆润可人，结构匀称，神情憨态可亲，韵致典雅。

202. 瑞佑

瑞兽信仰源自远古部族时代的图腾崇拜，本件作品洁白雅质，光泽流丽，温润绵软。下方天然无饰，像山似云。上方瑞兽凝神远望，神态庄严。

244

203. 守护

洒金皮构建的蒙蒙瑞气中，玉质细腻油润，光泽澄亮。主体构图似贵神而忘形，二郎真君气势威严，哮天犬灵光外溢，富于表现张力。

204. 龙凤呈祥

玉质洁白油糯，高贵典雅，脂光凝蕴。龙腾其中，凤翔于上，相得益彰。雕工精细，生动古朴，似有汉风艺韵。

205. 金运瑞兽

　　玉质雅洁而油意充盈，金光流转。瑞兽似龙首而有角，似麒麟而爪利，线条华美精致，腾云驾雾，踏浪驱风，动感充盈，大气非凡。

206. 马到成功

　　肉质纯白，皮色金黄，两相结合，晶莹剔透。造型优雅，浅雕良马，深浅之间生动形象，马鬃飘扬，眼神锐利，颇具汉代气象。

207. 马上有钱

　　洒金皮色浅而玉质油润，脂光浓郁凝蕴，沁色优雅亮丽。健马休憩回首，造型特征大得汉代艺术审美风趣，气韵古朴生动。

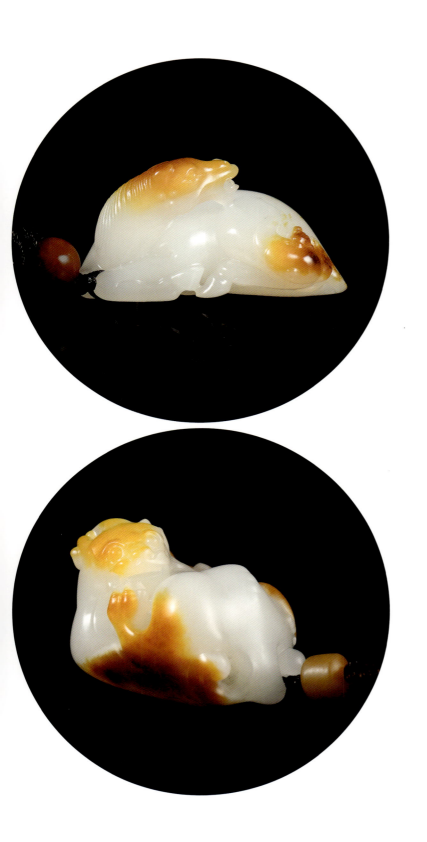

208. 马上有福

马身亮白丰硕,油光健美,马首金光灿灿,鬃毛丝滑。佩之出彩,瞻之养眼。马身上载金玉葫芦,"葫""福"一体,美好在握。

209. 瑞兽

金玉之泽,雅质其中,油润可亲,玉中精品。瑞兽头蕴金光,脚含祥瑞,意态可亲,闲卧庆云之上,线条自然圆拙,形态祥和富贵。

210. 一带一路

　　玉质油润，布局极富巧思，以红皮为辽阔苍茫之大漠，辅以繁花纹饰，主体内容线条简畅自然，大小得宜，雕刻之迹少而意境浑成。

211. 沙漠绿洲

温暖油润，厚实凝辉。色彩明艳而层次丰富，一似阳光灿烂，一似山峦层叠，借此布局驼队绿植，疏密有致，极富苍茫朗阔之美。

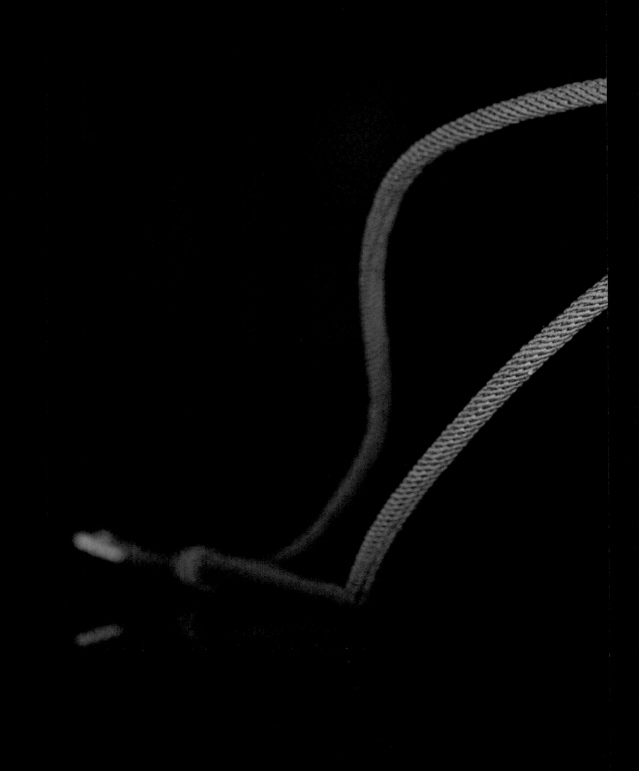

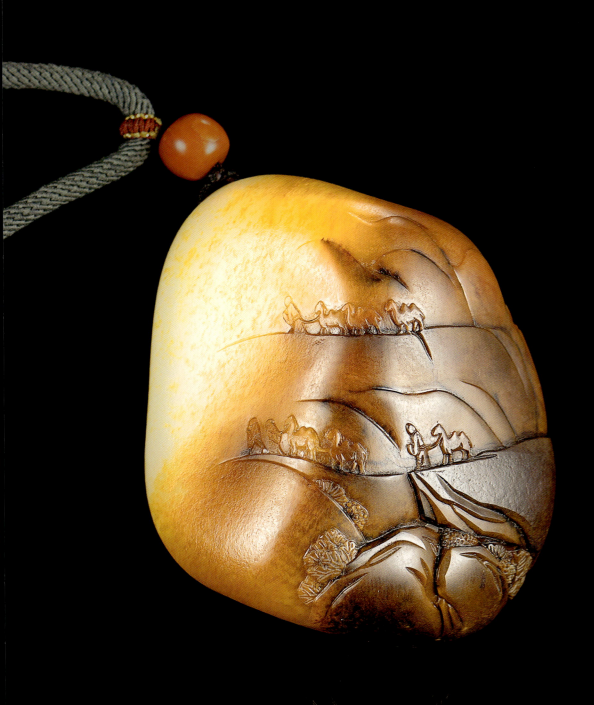

213. 一鸣惊人

两件作品质料、主题、雕刻手法相当，前者白质而枣纹，气息古拙自然。后者白质而金纹，明艳透亮，气质富丽。金声玉振，一鸣惊人。

214. 居高声远

　　墨、白、黄三色浑然一体，轻重得宜，细腻紧致，美意优雅。阔长柔软的树叶之上，墨光光洁的鸣蝉，形象生动，颇具动感，似有鸣声清脆悠远而来。

215. 白玉蝉

　　白玉无瑕，辉光内敛，雅洁高致。与此契合，雕刻工艺颇得汉刀神韵，古拙悠扬，形态优美简要，彰显高雅的风趣与追求。

216. 自然和鸣

　　整体圆润可爱，质料细腻白润，有如荔枝、龙眼，秀色可餐。艺术造型似山水国画，遗形贵神，主体刻画精致突出。蝉鸣竹君之上，清露滴响，自然和鸣。

217. 青花蝉

眼、腹、身墨玉细腻，庄重而有光泽，白玉其间，倍添雅致。雕刻刀法刚劲有力，线条方圆并济，简简几笔，神韵尽出。

218. 旺财

脂性浓厚，温润绵软，光亮有泽。狗也是玉雕常用题材，本件作品造型优雅，线条流畅自然，形象立体饱满，比例结构精准，神态似具闲适自得之趣。

219. 财富人生

色调古朴，光华内敛。笔法简约，意境丰蕴。居士朴素少华，慈眉善目，笑如春风，颇有"无事头陀一身轻"的悠然宁静。

220. 一线天青花手串

　　光泽、密度、油性、手感均上佳，天然的墨玉条纹，呈现出一种水墨晕染、天地有道的文化内涵，宁静抱一之韵。

221. 三色平安扣

　　平安扣是中国传统玉饰品，也称怀古、罗汉眼。此两件作品细腻紧致，三色交融，温润有泽，寄意平宁安远。

222. 云林

三色交融而雅致，细腻油润，上光透亮，造型优雅。所刻山色苍茫朦胧，云雾缭绕，气韵缥缈，霞光四溢，禅意盎然。

264

223. 锦绣中华

皮色老熟艳丽，内有乾坤，细腻洁白。构思新颖，注重层次，皮色之天然轮廓似地图者为底，间以纹饰点缀，完美衬托宝玉其中，寓意物华天宝，人杰地灵。

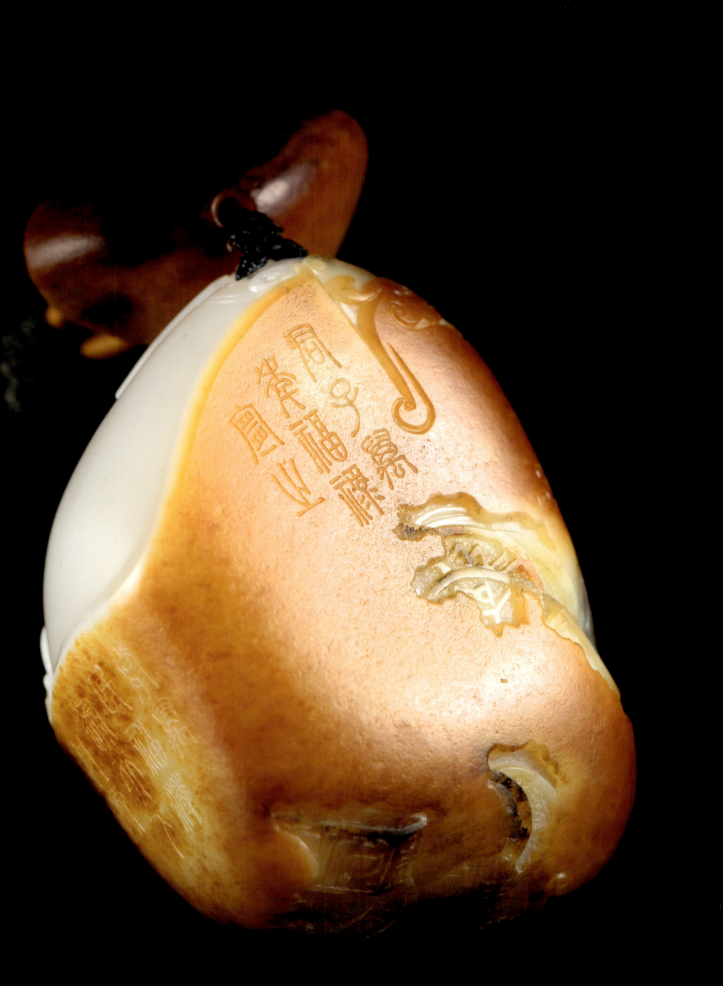

224. 风调雨顺

肉质厚实紧致，脂光凝蕴，皮色富贵丽质，整体色泽优雅，赏心悦目。造型天圆地方，龙纹古朴，龙腾有为，寓意吉祥富贵，风调雨顺。

225. 江流天地外　山色有无中

　　形态饱满圆润，不假雕饰，洒金皮分布均匀，黄澄可喜。结合一侧之沁色条纹，似辽阔天地，江河浩渺，山色若隐若现，诗意朦胧。

226. 福在眼前

质料色泽明亮，油润、紧凑、细腻，金灿富贵，白净高贵。造型似心又似壶。上端浅雕金钱与蝙蝠结合，钱中有孔，"福"在"眼"前。

227. 芳荷一品

白肉晶莹剔透，细腻凝光，雅致高洁。枣红皮璀璨美艳，似天地剖开，一朵莲花俏立其中，颇有君子之风，濯清涟而不妖。

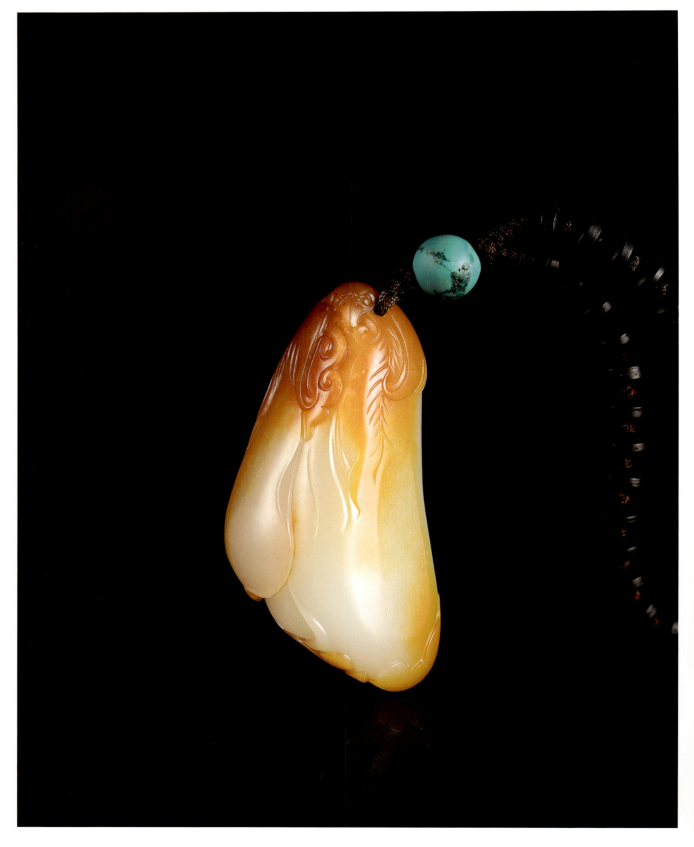

228. 飞黄腾达

色泽亮丽，紧凑油润，玲珑剔透，似有流动之感。造型优雅似花，凤凰在上，黄瓜在下，谐音"飞黄腾达"。亦有双瓜联结、瓜瓞延绵之意。

229. 金玉满堂

此件作品似玉米化玉，不然怎得如此浑然一体？金玉外衣之
下，颗颗白玉珍珠饱满，光泽熠熠，秀色可餐，珠玉腾欢。

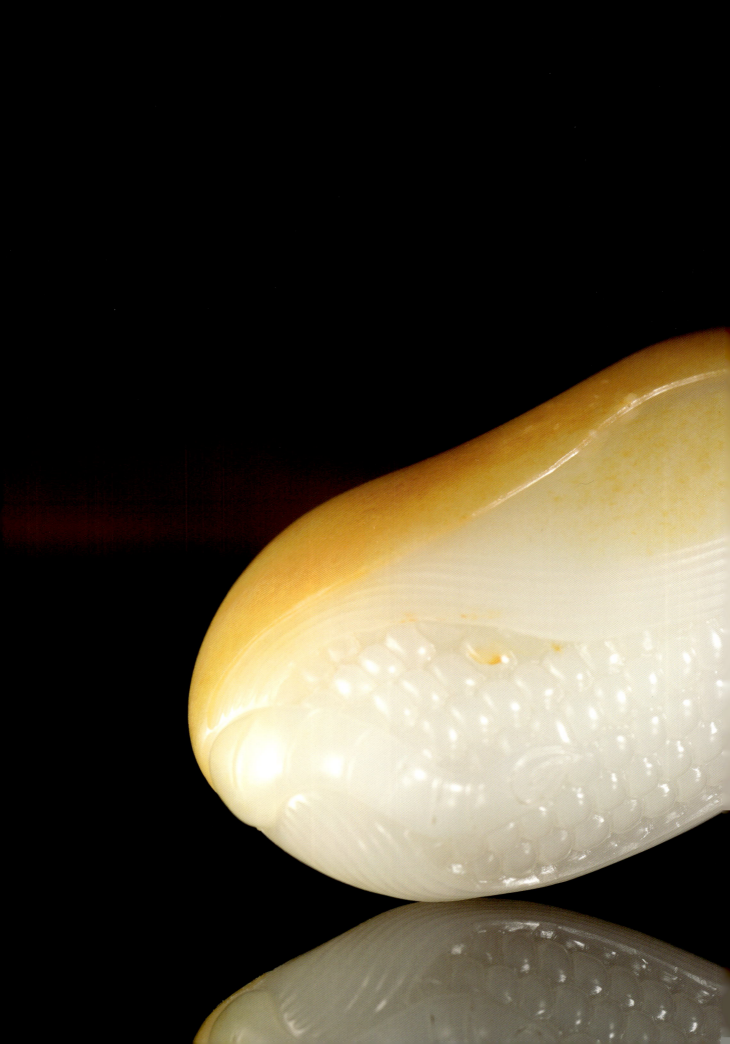

276

230. 金榜题名

质料雅泽光洁，望之温润，抚之绵软，线条方圆并济，纹饰古朴，简约而不单调，形似金榜，意蕴美好。

231. 威

厚实紧致，庄重而不失灵动，色泽淡雅，饰以拙健龙纹，君子"威"之品格不彰而显，刚健勇猛，不惧不忧。

232. 府上有龙

　　白玉无瑕，简朴雅致，造型设计别出心裁，取江南水乡经典住宅设计元素，呈现龙居府上的空间意境，龙纹刚柔相济，昂扬奋发。

233. 富甲一方

　　白净温润，光辉内敛，文质古雅。线条遗形贵神，简单而生动，脉络之间，意蕴充盈。

234. 守护

　　质料凝实，油润细腻，光泽恰到好处，皮色不可增一分，不可移一分，配合龙纹、云纹雅质之造型，形似瑞兽守护，古拙悠远气息浓厚。

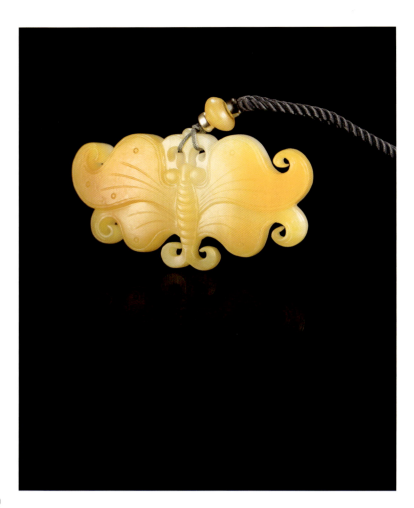

235. 蝴蝶

　　质料色彩亮丽，富贵堂皇，光泽晶莹。塑以蝴蝶之形，料雕相得益彰。线条优美而不烦，形象生动活泼，翩翩起舞。"蝴""福"谐音，美好可期。

236. 莲蓬

　　白润温软，光彩晶澈。笔法拙简，莲花之精华，集结而为莲蓬。造型厚实饱满，气质纯洁圆润，钟灵毓秀，精华凝实。

237. 玉兰花

　　兰花为植物中君子，玉有十一德，兰花与玉结合，最是妥帖相契。素雅白洁，山石嶙峋的玉面上，兰花扬立，绽吐幽幽芬芳，而其来有自，沁土妙居其底，一切均恰到好处。

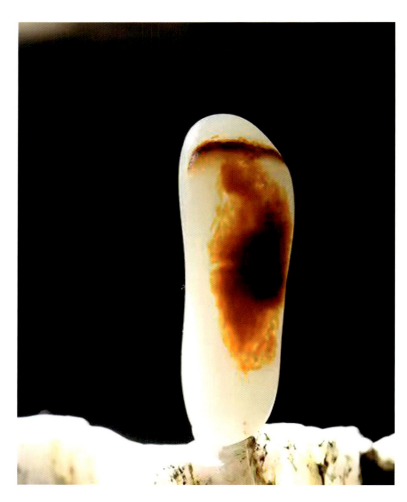

238. 一统天下

　　此件作品为和田玉籽料原石，料质熟、润、温、软，洁白而辉光内蕴，最难能可贵的是其天然枣红皮色，凝重古朴，极似一统六国之秦始皇，头戴冕旒，傲视天下。

239. 双喜临门

　　雅质细腻，脂凝辉蕴，色泽明灿。线条简练凝实，刀锋婉转有力，造型既似印章，又像莲蓬，饱满圆融，意韵丰富。

240. 秋趣

白玉无尘，其形长瘦，大有清趣。芭蕉阔大，似有月华洒落其上。蟋蟀长须，跃然而立，晨露其上，"天下第一帅"风范毕现。三者共画，既美且富。

241. 湖山渔隐

　　一方天地，几片湖湾，几群青山，几片白云，可以闲居，可以游船，可以观景，可以耕作，可以读史写字，金质为皮，白玉为底，——展卷，仁智之乐，于此为大。

242. 红叶

　　早在司马相如的赋中，红叶就为历代文人所喜爱。本件作品玉肉雅白亮泽而红叶飘扬，红艳可喜。自然风韵浓郁，生活华彩，美好在握。

243. 莲花

　　莲花在中国儒家、佛家、道家中均有非常高贵、吉祥的意义。白玉金皮，优雅莲花，合之双美。

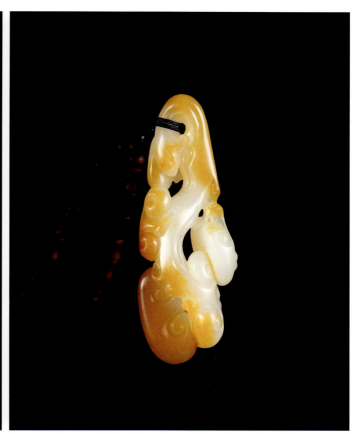

4. 节节高

白润清雅，光泽细腻，皮色洒金明艳。造型意蕴美
既似琴琶，奏唱美好。又如君子之竹，节节高升。

245. 人生如意

金玉双色相融，光泽灿然。澄澈莹润，型线秀美。镂
刻线条圆融，如意形象立体，赏玩两得。

246. 牵牛花

光泽滋润，似阳光充满希望，造型饱满而力量充盈，线条优雅，白洁淡雅，花中之冠。

247. 鸣凤

白净脂浓，皮色富贵，大气典雅。雕以凤凰之纹，华美古朴，形态优雅，金玉和鸣，气韵非凡。

248. 一枝独秀

质料温润祥和，色泽霞光满天，灵气蓬勃之中，兰花瑶草，迎风挺立，形高而神清，一枝独秀，吸风饮露，冰清玉洁。

　　平安无事牌是玉牌佩饰的一种，其创作顺玉之自然，不假雕饰，形制简洁。无为而寓意"无事"，"无事"即得平安。三件平安无事牌，或白玉，或满皮，或洒金皮，各有特色，而贯通为一，寄意美好。

251. 满皮平安牌

252. 白玉平安牌

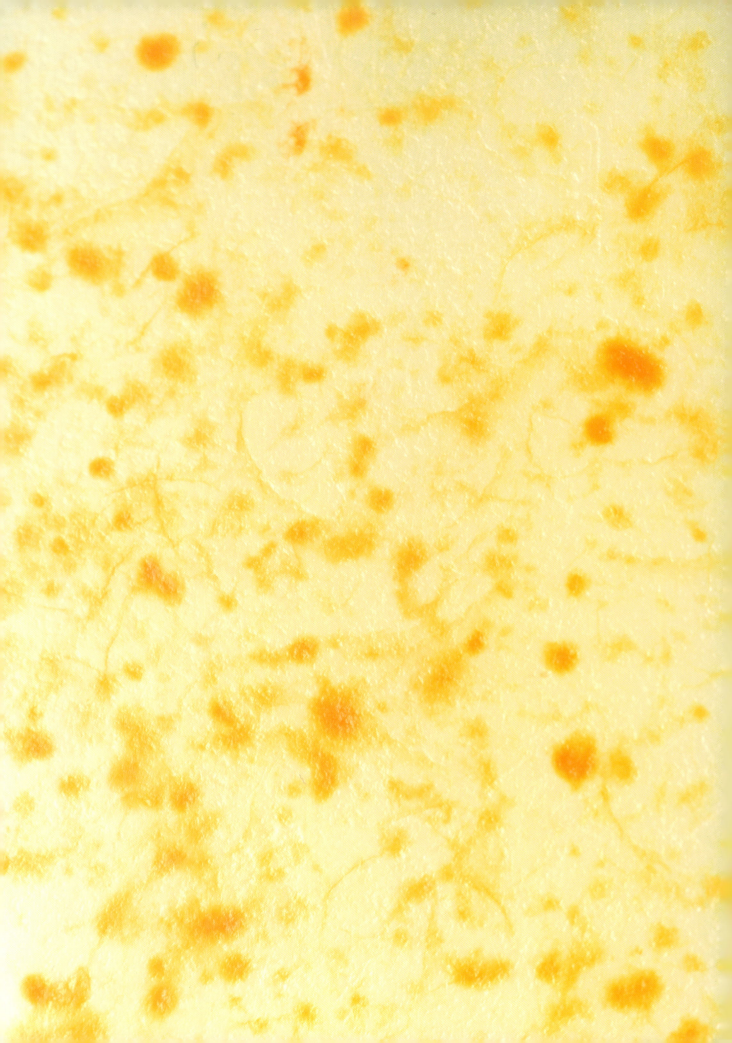

李俊杰　　万德七旦

李鸿　　高俊华

吴会星

王卜

林玉海　　曹冲

林国华

王发开　　王丰芳　　许永刚

黄柏徒、

杨鸿

崔嘉

张志山

姜纹

邓秋

于深生

比 德 于 玉

比德于玉

中国艺术向来极重视道德，文章、书法、音乐，无一不以道德为先。玉雕艺术自然概莫能外。玉之所以能够在中国文化中始终占据重要席位，最重要的原因就在玉将中国文化对于道德美和艺术美的追求进行了高度统一。

从远古代的祭器，到商周时的礼器、春秋时代的佩饰、汉唐的雕件、宋元明清的生活日用品，中国玉德的发展可划分三个阶段。从远古到西周，是为"玉德"的起源阶段，《诗经·秦风》中"言念君子，温其如玉"的名句至今仍然直通人心，玉和"君子"有了直接关联。春秋战国是"玉德"的形成阶段。《礼记》《孔子家语》《荀子》中都正式提出了"比德于玉"的论说，玉即德之载体。此后直至今天，则一直是"玉德"的传承与发扬阶段。这和中国文化的基本道德观发展历程相一致。

中国古代的圣贤之士为什么选择玉作为德的重要载体？所谓"玉德"具体指什么内容？对此，成书于战国晚期到秦汉初年的《礼记·聘义》提供了明显带有体系化总结意味的论述。

　　子贡问于孔子曰："敢问君子贵玉而贱珉者何也？为玉之寡而珉之多欤？"孔子曰："非为玉之寡故贵之、珉之多故贱之。夫昔者君子比德于玉，温润而泽，仁也；缜密以栗，智也。廉而不刿，义也。垂之如坠，礼也。叩之，其声清越以长，其终诎然，乐矣。瑕不掩瑜、瑜不掩瑕，忠也。孚尹旁达，信也。气如白虹，天也。精神见于山川，地也。圭璋特达，德也。天下莫不贵者，道也。"

　　这段话著名历史文献学家王文锦在《礼记译解》中如是翻译：子贡问孔子："请问为什么君子都珍视玉而鄙视似玉的珉石呢？是因为玉少珉多吗？"孔子说："不是因为珉石多就贱视它，也不是因为玉石少就珍视它。从前君子将玉的品质与人的美德相比。玉温润而有光泽，类似仁；致密而坚定，类似智；有棱角而不伤人，类似义。悬垂就下附，其谦卑类似礼；敲打它，声音清脆发扬而悠长，最后戛然而止，类似乐；玉的瑕疵不掩盖玉的美质，玉的美质也就不掩盖玉的瑕疵，其坦诚类似忠；晶莹透体，光彩旁达，类似信；玉的光气有如白虹，类似天象；玉在山川之中，其精气呈现于外，类似地气。朝聘时，先后用玉圭、玉璋单独通达情意，不用余币，其无待于外类似德；天下没有不珍视玉的，类似普受尊重的真理。"

　　两相细绎，其说有三。首先，"比德于玉"这一思想体系有朴素的宇宙论指导。作为自然之英的玉，她是如此之灵秀，"气如白虹，天也；精神见于山川，地也"。这天也、地也，和前面的几种属性不一样，具有宇宙论式的意义。没有这种根源，玉的物理特质，所谓的"比德于玉"也就无从谈起。

与由于天地自然长时间的交互切磋，原本普普通通的石头生成了"温润而泽""缜密以栗""廉而不刿""垂之如队""叩声清越""瑕瑜双美""孚尹旁达"七大物理特质，变成了玉。这是古之贤士选择玉作为德之载体的硬件基础。在次序上大概率是这些"硬件基础"发现在先，然后才有了"比德于玉"，再有宇宙论式的逻辑自洽。

众所周知，中国道德理想人格"君子"的具体品质属性，正是在孔子及其后百家争鸣中不断具体化和定型的。此时政治上大一统王朝的构建和学术思想百花齐放后的大合流生成了一种或可称为体系化的归整力量。在这一力量背景的浸润下，"比德于玉"将君子所具有的仁、智、义、礼、乐、忠、信七大属性和玉的七大物理特质若合符节地对应联系起来，生成了一幅中国玉的经典图景：中国最理想的人格是君子，君子最理想的外在表现就是玉，他们的共通之处是德，这一切都根源于天地自然。

这样一幅周匝严密的经典图景之所以产生，既源于民间自发，更是以孔子为代表的士大夫的主体自觉，自形成以后就一直作为思想内驱力深刻影响我们赏玉、藏玉、用玉的每一过程。和中国的其他经典思想一样，这一图景张力十足。在此，我们结合自身体会以为还可以显豁论列如下两点。一是"如切如磋，如琢如磨"，好玉源于自然力量千万年的反复搓揉。好的道德，也一样需要不断的勇猛精进，连孔夫子都不是生而知之，好古敏求，作为困而知之的我们，又怎么可以不博学笃问，切问近思，日新日进呢？二是"巧言令色，鲜矣仁"。通读《论语》可以发现，君子有一个重要的品格，那就是"刚毅木讷""君子欲讷于言而敏于行"。君子是从来不会花言巧语的，孟子也说"人之易其言也，无责耳矣"，喜欢放言高论，能成什么事呢？玉不也正是这样吗？没有像钻石珠宝一样特别夺目的光彩、特别绚烂的颜色，在时光和历史的流逝中积淀自己冰清玉洁的魅力，颇有"桃李不言，下自成蹊"的意味。

今天，我们又应该如何传承与发扬"比德于玉"的精神价值呢？结合当下实际，我们认为一是要提高国民的文化自信，既不要认为凡是外国的月亮就是圆的，也不要洋洋自得，从小启蒙，从日用实践中，将"比德于玉"所论及的优秀品德与现代化法治、规范、心理准则结合起来，融入文化教育，合入素质修养。二是作为和田玉爱好者，要树立正能量的和田玉收藏价值观。这不仅仅是经济利益的投资，更是一场心灵之旅。围绕玉我们要展开的是优秀传统文化的学习、身体的锻炼……这才是我们传播和践行玉文化的首要任务，这也是雁玉成立的初衷。

愿我们不忘初心，有力前行。

雁玉编委会

蔡旭荣　　　　　沈国强　　　　　倪志强　　　　　潘汝祥

池 雁　　　　　　　郭 艳　　　　　　　　夏剑波　　　　　　　刘 波

图书在版编目(CIP)数据

雁玉 / 潘汝祥著. — 杭州：西泠印社出版社，
2023.12
ISBN 978-7-5508-4360-8

Ⅰ. ①雁… Ⅱ. ①潘… Ⅲ. ①玉石—收藏—和田县
②玉石—鉴赏—和田县 Ⅳ. ①G262.3

中国国家版本馆CIP数据核字（2023）第243324号

雁 玉

潘汝祥　著

责任编辑	俞　莺
责任出版	冯斌强
责任校对	徐　岫
特约编辑	潘丹婷
艺术摄影	蔡旭荣
封面设计	周赵钱
装帧设计	齐照静
出版发行	西泠印社出版社
	（杭州市西湖文化广场32号5楼　邮政编码　310014）
经　销	全国新华书店
制　版	杭州掌境文化创意有限责任公司
印　刷	浙江海虹彩色印务有限公司
开　本	889mm×1194mm　16开
字　数	225千
印　张	20.25
印　数	0001—1000
书　号	ISBN 978-7-5508-4360-8
版　次	2023年12月第1版　第1次印刷
定　价	520.00元

西泠印社出版社发行部联系方式：0571-8724 3079